ESOTERISCHES WISSEN

NORMAN VINCENT PEALE

NORMAN VINCENT PEALE

Die Wirksamkeit positiven Denkens

Der Weg zum neuen Lebensgefühl

WILHELM HEYNE VERLAG

MÜNCHEN

HEYNE ESOTERISCHES WISSEN
Herausgegeben von Michael Görden
08/9092

Die Texte dieses Sammelbandes wurden folgenden Werken
von Norman Vincent Peale entnommen:

The Power of Positive Thinking
»Die Kraft positiven Denkens«
übertragen von Ernst Steiger

The Amazing Results of Positive Thinking
»Trotzdem positiv«
übertragen von Ernst Steiger

Stay Alive All Your Life
»So hast Du mehr vom Leben«
übertragen von Dr. Eva Zeumer

Enthusiasm Makes the Difference
»Was Begeisterung vermag«
übertragen von Dr. Alfred Mohler

10. Auflage

Copyright © für die amerikanische Originalausgabe
by Prentice-Hall, Inc., Englewood Cliffs, NJ
Copyright © 1986 bei Oesch Verlag AG, Zürich
Genehmigte Taschenbuchausgabe
Printed in Germany 1994
Umschlaggestaltung: Atelier Adolf Bachmann, Reischach
Umschlagfoto: Konrad Wothe/Silvestris, Kastl
Satz: Typobauer Filmsatz GmbH, Ostfildern
Druck und Bindung: Presse-Druck Augsburg

ISBN 3-453-41744-5

Inhalt

Einleitung
7

Was ist eigentlich »positives Denken«?
9

Voraussetzungen für ein erfolgreiches Leben
(aus: *Trotzdem positiv*)
10

Glauben Sie an sich selbst
(aus: *Die Kraft positiven Denkens*)
32

Begründen Sie Ihr Glück
(aus: *Die Kraft positiven Denkens*)
55

Wie man seelische Tiefpunkte überwindet
(aus: *So hast Du mehr vom Leben*)
73

Was gegen Angstgefühle zu tun ist
(aus: *Trotzdem positiv*)
99

Glaube – und werde gesund!
(aus: *Die Kraft positiven Denkens*)
125

Wie wir verlorene Vitalität wiedergewinnen können
(aus: *Die Kraft positiven Denkens*)
141

Begeisterung überzeugt und gewinnt
(aus: *Was Begeisterung vermag*)
156

Begeisterung gibt den Ausschlag
(aus: *Was Begeisterung vermag*)
189

Neue Gedanken erneuern Ihr Leben
(aus: *Die Kraft positiven Denkens*)
217

Einleitung

Wer von der Kraft positiven Denkens spricht, denkt unwillkürlich an die weltberühmten Bücher von Norman Vincent Peale. Unzählige Menschen haben durch ihn eine positive Grundhaltung dem Leben gegenüber gefunden und meistern ihre Probleme besser und mit jener inneren Gelassenheit, die diejenigen Menschen auszeichnet, die gelernt haben, zum Leben *ja* zu sagen.

Die Wirksamkeit positiven Denkens birgt die Kerngedanken aus dem Werk Norman Vincent Peales. Das Buch will ganz konkret Wege aufzeigen, die zu einem erfüllteren Leben, zu einem neuen Lebensgefühl führen.

Dr. Norman Vincent Peale, geboren 1898 in Bowersville, Greene County, Ohio (USA), gilt als »Erfinder« und Begründer der Lehre von der Kraft positiven Denkens. Fußend auf den Lehren eines *Emerson*, eines *Trine* und geprägt von einer tiefen religiösen Einstellung, verhalfen seine Bücher Millionen von Menschen zu einem glücklicheren und erfüllteren Leben.

Dr. Peale ist Theologe und noch heute – trotz seines hohen Alters – als Seelsorger in New York tätig. Seine bemerkenswerte geistige und körperliche Frische bewies er im Sommer 1986, als er anschließend an eine Vortragsreise, die ihn nach Neuseeland, Australien, Singapur und Tokio geführt hatte, die Schweiz und England besuchte. Das Photo auf Seite 2 zeigt Dr. Peale nach seiner Ankunft auf dem Flughafen Zürich nach dem strapaziösen Nachtflug von New York.

Dr. Norman Vincent Peale ist kein Theoretiker, er vertritt nicht irgendein trockenes philosophisches System; mit einer Fülle von Beispielen aus dem täglichen Leben zeigt er, daß eine bestimmte Geisteshaltung unser Leben tatsächlich verändern kann. Die Kraft positiven Denkens verbindet die neuesten Erkenntnisse der Wissenschaft mit den ewigen Lebensgesetzen des Glaubens und des Vertrauens.

Der Präsident der Vereinigten Staaten sagte anläßlich der Verleihung der amerikanischen Freiheitsmedaille, der höchsten zivilen Auszeichnung der USA, an Dr. Peale:

»Dr. Peales Name ist heute gleichbedeutend mit Lebensfreude. Millionen von Lesern hat Norman Vincent Peale auf der Suche nach einem Sinn in ihrem Leben geholfen. Das ist sein großes Verdienst.«

Diesen Worten ist weiter nichts hinzuzufügen.

Was ist eigentlich »positives Denken«?

Unsere Lebenshaltung bestimmt, wie wir im Geiste auf die zahllosen Erfahrungen unseres Lebens, die Herausforderungen, die an uns herangetragen werden, antworten.

Hinter jeder Handlung – ob wir sie nun bewußt oder unbewußt tun, ob sie bedeutend oder nebensächlich ist – steht Energie. Entscheidend ist, wie wir auf die Stürme des Lebens reagieren.

Reagieren wir negativ, werden uns unsere Sorgen, Probleme und Schwierigkeiten am Ende schier erdrükken. Aber auch die wenigen Freuden, die dann das Leben noch für uns bereithält, werden uns schal schmecken. Wir werden in ständiger Angst vor dem Morgen leben.

Wenn wir aber erkennen, daß wir auch über Kräfte in uns selbst verfügen, die negative Einflüsse überwinden können, dann

denken wir positiv!

Dieses Buch enthält Kerngedanken aus dem Werk Norman Vincent Peales. Es will Ihnen, liebe Leserin, lieber Leser, helfen, Ihr Leben grundlegend zu verändern. Aber lassen wir nun Dr. Peale selbst zu Worte kommen ...

Voraussetzungen für ein erfolgreiches Leben

Jeder Mensch hat die Möglichkeit, seinen Geist auf Erfolg einzustellen. Das ist einer der wichtigsten Grundsätze positiven Denkens. Es liegt weitgehend in unserer Hand, ob unsere Zukunft erfolgreich sein wird. Unsere Gedanken bestimmen unser Schicksal.

Hier müssen wir uns darüber klar werden, was wir unter Erfolg verstehen wollen. Selbstverständlich meinen wir damit nicht das Zusammenraffen von Geld und Gut, sondern vielmehr die Fähigkeit, unser Leben richtig zu erfüllen. Wir sollen dadurch beherrschte, überlegene Persönlichkeiten werden, die zu jenen gehören, die der Welt nicht Schwierigkeiten aufbürden, sondern mithelfen, sie zu überwinden. Das ist das Ziel, welches wir uns setzen sollten: ein erfolgreiches Leben als schöpferisches Individuum.

Als ich anläßlich einer Vortragsreise einen Schlafwagen bestieg, wurde ich dort von einem freundlichen Beamten begrüßt.

»Guten Abend, Sir«, sagte er, »sind Sie bereit für eine gute Nacht?«

»Sicherlich«, sagte ich. »Ich freue mich tatsächlich auf das Bett und einen guten Schlaf.«

Als er mich in mein Abteil führte, bemerkte ich, daß das Bett bereits abgedeckt war und sehr einladend aussah. Alles war sauber und ordentlich und die Temperatur im Abteil gerade angenehm. »Sie scheinen zu wissen, was Ihre Passagiere an einem Schlafwagenabteil schätzen«, sagte ich lobend, ging zu Bett, las noch einige Stellen aus meiner Bibel und fiel bald in einen tiefen Schlaf. Ich erwachte erst um 9 Uhr, obschon ich sonst automatisch um 7 Uhr wach bin.

»Guten Morgen, Sir«, sagte der Beamte, als ich zum Frühstück ging. »Haben Sie gut geschlafen?«

»Ausgezeichnet«, sagte ich.

»Das überrascht mich nicht, ich wußte es. Aber Sie hätten den Passagier sehen sollen, der unmittelbar nach Ihnen kam. Das erste, was er sagte war: ›Ich weiß, daß ich nicht schlafen kann.‹ Nichts war ihm recht. Er wollte ein Abteil in der Mitte des Wagens. Das Bett paßte ihm nicht, das Abteil war einmal zu kalt und einmal zu warm. Wissen Sie, warum Sie gut und der andere Herr schlecht geschlafen haben?«

»Nein, aber es interessiert mich.«

»Sie haben gut geschlafen, weil Sie gut schlafen wollten und sich darauf freuten. Der andere Herr aber war bereits fest davon überzeugt, daß er nicht schlafen könne. Schon vor langer Zeit habe ich herausgefunden, daß jene Passagiere, die wirklich schlafen wollen, auch schlafen können. Sie bereiten sich geistig auf einen guten Schlaf vor.«

Diese kluge Bemerkung war tatsächlich eine Reise wert. Jedermann kann die geistigen Voraussetzungen für etwas schaffen. Wir können uns sowohl auf den Schlaf als auch auf Schlaflosigkeit einstellen. Wir können Erfolg erwarten oder Mißerfolg züchten. Mit anderen Worten: Das, was wir ständig denken, wird geschehen, es wird zum mindesten die Tendenz dazu geschaffen, und während Sie dieses Buch lesen, sind Sie genau das, was Ihre Gedanken während einer langen Zeit aus Ihnen gemacht haben. Es ist beinahe mit wissenschaftlicher Genauigkeit möglich, zu sagen, was für ein Mensch Sie in zehn Jahren sein werden, wenn man die Gedanken, die Sie heute beseelen, kennt. Sind es negative, destruktive Gedanken? Schaffen Sie damit die Voraussetzungen für Ihren Mißerfolg? Oder sind es positive, gesunde und vertrauende Gedanken, die Ihren Erfolg herbeiführen werden?

Auch Sie, liebe Leserin, lieber Leser, können Erfolg haben. Hören Sie auf damit, Mißerfolg zu befürchten. Denken Sie an Ihren Erfolg. Denken, beten und arbeiten Sie. Setzen Sie sich ein Ziel, umreißen Sie es klar, und geben Sie es nie auf. Doch zuerst: arbeiten Sie an Ihren Gedanken. Entwickeln Sie ein gesundes, positives Denken. Das sind die Voraussetzungen für eine aufbauende Veränderung Ihres Lebens. Wer entmutigende Gedanken hegt, wer sich dem Haß hingibt, wer unehrlich denkt, wer Mißerfolg erwartet, ist destruktiv. Wer aber aufrichtige, liebende Gedanken und den Willen, andern zu dienen, in sich trägt, ist schöpferisch. Durch die Erneuerung des Geistes ergibt sich auch eine Erneuerung des Menschen. Auch der Gesundheitszustand läßt sich auf diese Weise wohltuend beeinflussen. Der folgende Brief ist ein Beweis dafür:

»Vor fünf Jahren, als mein Mann aus dem Krieg

zurückkehrte, erlitt ich einen vollkommenen körperlichen und seelischen Zusammenbruch. Ich war nicht mehr fähig, dem Leben ins Gesicht zu blicken. Ich war von Angst besessen und entschuldigte mich immer, wenn jemand von mir irgendeine soziale Pflicht verlangte. Schon die normalen Alltagspflichten machten mich so nervös, daß ich ihnen entfloh, indem ich mich einfach krank ins Bett legte. Ich litt unter ständigen Depressionen und Schuldgefühlen, weil ich durch mein Verhalten meine Familie im Stich ließ, ihr große Sorgen bereitete und nur mit größter Mühe meine dringendsten täglichen Pflichten erfüllen konnte.

Mein Mann war während dieser Zeit im Beruf und in der Gemeinde stark beansprucht, er übernahm immer mehr wichtige Verpflichtungen, die seine Zeit und sein Können beanspruchten.

Was unsere Ehe anbetraf, sah ich mit Sorge in die Zukunft. Wenn es so weiter ging, würden wir bald keine gemeinsamen Interessen mehr haben ... er, ein aktiver und glücklicher Mensch, der selten zu Hause war, und ich, eine unglückliche, deprimierte Frau. Dann aber fand ich Hilfe. Ich wurde mit der positiven Denkweise bekannt. Mein Mann besorgte mir Literatur darüber, und ich las diese Bücher mit der wachsenden Erkenntnis, daß hier meine Rettung lag.

Seither erfülle ich meine Pflichten mit Ruhe und Gelassenheit. Ich führe heute das Sekretariat des Elternvereins, arbeite zwei Tage in der Woche für meinen Mann und besorge meinen Haushalt allein. Selten fühle ich mich niedergeschlagen oder mutlos. Mein Mann liebt sein Heim, und wir erfüllen unsere sozialen Aufgaben gemeinsam. Ich danke Ihnen, Dr. Peale; möge Gott Sie segnen.«

Das Leben dieser Frau wurde vollkommen geändert durch eine Umstellung ihrer Denkweise. Disraeli, der große englische Staatsmann, sagte: »Erfülle deinen Geist mit großen Gedanken, denn du wirst nie höher steigen als deine Gedanken.«

Ich glaube, daß wir viel zu oft über uns, unsere Familie, unsere Kinder, unseren Beruf klein denken. Weil wir aber klein denken, erreichen wir auch nur geringe Ergebnisse. Auch ich bin davon überzeugt, daß wir nicht mehr erreichen können, als wir denken. Große Gedanken ergeben große Resultate; kleine Gedanken ergeben kleine Resultate.

William Danforth, der Vorsitzende der Purrina Company, ist einer der erfolgreichsten Männer, die ich kenne. Als Junge war William ungefähr das, was man in Inseraten für körperliche Ausbildung als abschreckendes Beispiel sehen kann. Er war nicht nur körperlich unterentwickelt, sondern – wie er mir sagte – auch geistig. Er erwartete nichts von sich selbst, und seine innere Unsicherheit ging Hand in Hand mit seiner körperlichen Schwäche. Das alles aber änderte sich. William hatte in der Schule einen Lehrer, der ihm einen guten Rat gab. Eines Tages sagte er: »William, du denkst vollkommen falsch. Du fühlst dich als Schwächling, und solange du so denkst, wirst du auch einer bleiben. Das aber braucht nicht so zu sein. Ich bin überzeugt, daß du ein starker Junge werden kannst.«

»Wie meinen Sie das?« fragte der Junge. »Man kann sich doch nicht selber stark machen.«

»Doch, das kann man. Stelle dich einmal vor mich hin. Deine ganze Haltung beweist mir, daß du schwächliche Gedanken in dir trägst. Ich aber will, daß du starke Gedanken hast. Ziehe deinen Magen ein, atme tief ein und stelle dir vor, daß du groß und stark bist. Stehe fest auf deinen beiden Füßen und halte dich aufrecht wie ein Mann.«

William raffte sich auf. Als ich ihn zum letztenmal sah, war er 85 Jahre alt, kraftvoll, gesund und voller Leben. Und die letzten Worte, die er mir vor unserem Abschied sagte, lauteten: »Erinnere dich, halte dich aufrecht!«

Justin Dart, der Vorsitzende einer großen chemischen Gesellschaft, spielte einst als Torhüter in der Mannschaft einer Universität. Vor einem sehr wichtigen Spiel rief ihn der Captain zu sich und sagte: »Spiele heute so, wie ein wirklich großer Torhüter spielen sollte! Ich weiß, du kannst es.«

Justin erzählte mir später, daß er wohl gewußt habe, daß sein Captain übertreibe, doch dadurch bekam er Mut und eine andere Vorstellung von seinen Fähigkeiten. »Ich werde nie vergessen, wie begeistert ich an jenem Tag gespielt habe.«

Große Gedanken – das ist es, was einen Mann über sich selbst hinaushebt und ihn zum Erfolg führt.

Einer meiner Leser bezeichnet sich selbst als »Geschäftsarzt«. Er übernimmt die vorübergehende Leitung schlechtgehender Betriebe, um sie in gutgehende Geschäfte zu verwandeln. Er erzählte mir, daß in neun von zehn Fällen dem Geschäft nichts anderes fehle als eine andere Geisteshaltung des Personals und seiner Führung. »Ein krankes Geschäft wird in der Regel von kranken Menschen geleitet«, sagte er. »Man muß nur die leitenden Leute dazu bringen, von sich selber besser zu denken, sich mehr zuzutrauen, und der Erfolg wird nicht ausbleiben.«

John, so wollen wir diesen Leser nennen, erzählte mir von einem jungen Mann, den er in einer Firma kennenlernte, deren Geschäftsgang er überprüfen mußte. Dieser war mit einer untergeordneten Arbeit beschäftigt. Er verbrachte seine Tage damit, Etiketten aufzukleben. Trotzdem hatte unser Freund den Eindruck, hinter dem Jungen stecke mehr und er sei zu Besserem fähig. Eines Tages sagte er zu ihm: »Ich sehe nicht ein, warum Sie eine solche untergeordnete Arbeit ausführen. Sie sehen gut aus, Sie sind intelligent, und ich hoffe nur, daß Sie nicht Ihr Leben lang Etiketten aufkleben wollen. Haben Sie noch nie daran gedacht, Verkäufer zu werden?«

»O nein, das könnte ich nicht!« antwortete der junge Mann. »Sagen Sie das nicht so rasch«, sagte John, »ich glaube, aus Ihnen könnte ein guter Verkäufer werden. Ich werde mit Ihrem Chef sprechen und ihm vorschlagen, Ihnen eine andere Arbeit anzuvertrauen.«

Der junge Mann war überrascht und unsicher. Er hatte sich daran gewöhnt, Etiketten aufzukleben, doch

John hatte Erfahrung in der Behandlung solcher Menschen. Innert weniger Tage hatte er sein blaues Überkleid abgelegt und erschien in einem guten Anzug, um eine andere Arbeit anzufangen.

»Was wollen Sie von mir?« sagte der Junge. »Ich glaube kaum, daß ich irgend etwas verkaufen kann.«

»Dann blicken Sie zuerst einmal auf jene Türe dort«, sagte John. Die Aufschrift an der Türe lautete »Verkaufsdirektor«, und darunter stand der Name des Inhabers dieser Position, eines älteren Mannes, der sich in einigen Jahren zurückziehen wollte. »Ich möchte«, sagte unser »Geschäftsarzt«, »daß Sie die Aufschrift dieser Tür in Ihr Gedächtnis einprägen. Stellen Sie sich vor, daß dort eines Tages Ihr eigener Name steht. Schließen Sie die Augen! Können Sie die Tür sehen und Ihren Namen lesen?« Der Mitarbeiter nickte, und John sagte zu ihm: »Halten Sie dieses Bild in Ihrem Geist fest; arbeiten Sie hart, studieren Sie, lernen Sie, und glauben Sie daran, daß eines Tages Ihr Name an jener Tür stehen wird. Ich weiß, es wird so weit kommen.«

»Und wie ging die Geschichte weiter?« fragte ich.

»Nie sah ich einen Menschen so fleißig und intensiv arbeiten. Als er so weit war, daß er seinen ersten Kundenbesuch machen konnte, begleitete ich ihn dabei. Ich fuhr mit ihm in die Stadt, in der er seinen ersten Kunden aufsuchen sollte. Der junge Mann sagte zu mir, als wir vor der Tür seines ersten Kunden standen: ›Wenn Sie mich nun allein lassen, werde ich mir sehr verlassen vorkommen, aber ich werde mein Bestes tun.‹

Ich antwortete: ›Sie werden nicht allein sein. Denken

Sie daran, daß Sie gelernt haben, wie man verkauft, und daß alle, die Sie ausgebildet haben, geistig an Ihrer Seite stehen.‹

Der junge Mann machte seinen Weg, und eines Tages war er der beste Verkaufsdirektor, den seine Firma je hatte.«

Unsere Vorstellungswelt ist für unsere Zukunft von allergrößter Wichtigkeit. Ob wir gut oder schlecht, stark oder schwach von uns denken, alles hat die Tendenz, Wirklichkeit zu werden. Die menschliche Natur entwickelt sich in der Richtung, in der wir denken. Imagination ist nicht Phantasterei, sondern die Kunst, Vorstellungen zu verwirklichen. Und das Bild, das ein Mensch von sich selbst in sich trägt, ist von größter Wichtigkeit für seine Entwicklung, denn dieses Bild kann sich verwirklichen.

Der Gedanke ist der Vater der Tat. Wer seinen Geist mit Gedanken des Erfolges anfüllt, zieht die Verwirklichung des Erfolges auch an. Aber wir dürfen nie vergessen, daß diese Art zu denken nur einen Sinn hat, wenn wir dabei Gottes Hilfe erbitten und in Anspruch nehmen. Ich betone es immer wieder: Die wichtigste Voraussetzung der Kraft positiver Gedanken ist die unmittelbare Teilnahme Gottes an unseren Ideen und Plänen. Dies kommt auch in den Korrespondenzen mit unseren Lesern immer wieder deutlich zum Ausdruck.

Dafür ein Beispiel: »Als ich das Buch ›Die Kraft positiven Denkens‹ bestellte, war ich arbeitslos. Ich versuchte überall Arbeit zu finden, doch ohne Erfolg. Die Dinge sahen für mich und meine Familie schwarz aus.

Dann hörte ich eines Tages von Ihrem Buch, ließ es kommen und las es sofort. Schon nach wenigen Tagen gewann ich etwas Selbstvertrauen, das mir zuvor vollkommen gefehlt hatte. Gott gab mir neuen Mut, und als ich in einer Nacht las, daß wir Gott auch als unseren Partner im Berufsleben betrachten sollten, betete ich, daß es so werden möge. Ich schaffte mir einen Schweißbrenner an, denn mein Beruf ist Schweißer, und unterschrieb einen Vertrag für eine bestimmte Arbeit. Ich bat Gott, weiter mein Partner zu bleiben, und schließlich kaufte ich einen Lastwagen, lud mein Werkzeug und meine Ausrüstung auf und suchte nach einer neuen Arbeit. Ich hatte alles auf Kredit gekauft, und ich wußte noch keineswegs, wie sich die Dinge entwickeln würden, doch ich nahm den Kampf auf.

Meine Gebete wurden erhört. Bei einer Ölgesellschaft erhielt ich einen Kontrakt, um eine Pipeline fertigzustellen, und das bedeutete einen großen Fortschritt. Ich liebte meine Arbeit und sah neue Möglichkeiten.

Ich könnte noch über vieles schreiben, doch es wird spät. Nur eines möchte ich hervorheben: Durch Ihr Buch habe ich eine lebendige Beziehung zu Gott gewonnen, und mein Leben hat wieder Freude, Sinn und Inhalt bekommen. Heute weiß ich, was der Mensch durch Vertrauen in Gott erreichen kann. Ich danke Ihnen, daß Sie mir den Weg gewiesen haben.«

Der Brief einer Frau zeigt das Problem von einer anderen Seite, doch auch hier ist die Bedeutung göttlicher

Hilfe offenkundig. »Im letzten Jahr wurde ich dreimal wegen Krebs operiert. Die letzte Operation machte die Amputation meines rechten Armes und der Schulter notwendig. Trotzdem bin ich dankbar, daß Gott mir während dieser Zeit beigestanden ist.

Ich hatte einen schweren Kampf mit mir selbst auszufechten, bevor ich den Ärzten die Erlaubnis gab, diese schwere Operation vorzunehmen. Mehrmals las ich in Ihrem Buch ›Die Kraft positiven Denkens‹ das Kapitel über die Anwendung positiver Gedanken bei der Heilung von Krankheiten (siehe das Kapitel ›Glaube – und werde gesund‹ auf Seite 125 in diesem Buch), und ich bat Gott, mich auf den rechten Weg zu weisen. Ich kam zum Schluß, daß es am besten sei, die Ärzte machen zu lassen und mich ganz Gott anzuvertrauen. Sobald ich mich einmal ganz in seine Hände gegeben hatte, fand ich meinen inneren Frieden, und ich betrat den Operationssaal ohne Angst.

Ich erhole mich rasch, und heute, acht Wochen nach der Operation, bin ich damit beschäftigt, mich an einen künstlichen Arm zu gewöhnen. Ich wundere mich, wie es mir möglich war, diesen großen Nachteil ohne Bitterkeit und Depression hinzunehmen. Wer die Macht Gottes in sein Dasein einläßt, hat den wichtigsten Schritt getan, um sich innerlich auf eine positive Denkweise umzustellen. Stellen wir uns vor, daß wir ein bestimmtes Ziel erreichen wollen, und gehen wir ihm Schritt für Schritt entgegen. Wer sich etwas Schwieriges und Großes vornimmt, kann es nicht allein von sich aus erreichen. Er braucht die Hilfe Gottes. Es ist eine betrübliche Tatsache, daß viele sich nicht bewußt sind, daß sie das Königreich Gottes in sich tragen. Wir nützen die gewaltigen Kräfte, die Gott uns verliehen hat, nicht. Wir sollten voller Vertrauen auf die Kraft bauen, die Gott uns verlieh, als er uns geschaffen hat. Diese Kräfte stehen allen Menschen auf ihrem Weg zu einem erfüllten Dasein offen. Sie sind für uns bereit, doch nutzlos, wenn wir keinen Gebrauch davon machen.

Sie gleichen jenem alten Mann, von dem ich einmal in Texas hörte. Er besaß eine kleine Farm, die nie viel abwarf. Sein ganzes Leben lang hatte er um ein besseres Dasein gekämpft, bis er alt wurde und starb.

Die Besitzung wurde verkauft. Der neue Eigentümer beschaffte sich eine Bohrmaschine und stieß nach kurzer Zeit auf ein reiches Öllager. Natürlich war das Öl während all dieser Zeit dagewesen – es hatte nur darauf gewartet, entdeckt zu werden. Vielen von uns geht es ganz ähnlich: Wir sitzen auf einer der reichsten Kraftquellen, die man sich denken kann, aber wir unternehmen nichts, um sie auszuwerten. Alles liegt bei uns! Wenn wir diese Tatsache in unser Denken eingehen lassen, wird der Erfolg nicht ausbleiben.«

Es ist völlig gleichgültig, wer Sie sind und wie oft Sie Mißerfolg hatten. Es spielt auch keine Rolle, wie alt Sie sind. Erfolg und Befriedigung können immer eintreten. Ich erhielt einen Brief von einer Frau in Georgia, worin die erstaunliche Verwandlung ihres Vaters geschildert wird, nachdem er endlich entdeckt hatte, was Gott in seinem Leben bedeuten konnte. Die Frau erzählte mir, daß ihr Vater vor dieser Änderung ein unglücklicher Mensch gewesen sei, der nie Erfolg gehabt habe und, nachdem er auch noch all sein Geld verloren hatte, ein verbitterter und enttäuschter Mensch geworden sei. Er änderte seinen Beruf und versuchte einen neuen Anfang zu machen, erlitt jedoch erneut Schiffbruch. Doch lesen Sie selbst, was die Tochter dieses Mannes schreibt: »Er war schrecklich unglücklich. Er glaubte an nichts mehr, weder an Gott noch an sich selbst. Er schloß sich von allen Freunden ab und tat nichts anderes mehr, als jedermann zu kritisieren. Sie können sich vorstellen, welchen unseligen Einfluß dies auf uns Kinder hatte. Ich kann mich an keine einzige friedvolle Mahlzeit in unserem Heim erinnern. Ständig befanden wir uns in einem Zustand innerer Spannung.

Vor ungefähr achtzehn Monaten zogen meine Mutter und mein Vater nach Florida. Er wollte noch einmal alles von vorn beginnen. Doch auch diesmal wollte ihm nichts gelingen, und alles sah noch schlimmer aus als zuvor. Mein Vater litt so darunter, daß er einen ernsten Herzanfall erlitt und sich einer Operation unterziehen mußte. Während er auf die Operation wartete, griff Gott ein. Zu gleicher Zeit kamen meine Schwester und ich auf den Gedanken, unserem Vater Material über das positive Denken zu senden. Vater las es, und Gott begann auf sein Dasein Einfluß zu nehmen.

Ein Wunder geschah. Ein halbes Jahr später war mein Vater vollkommen genesen, er sieht zwanzig Jahre jünger aus und ist voller Vitalität und Unternehmungslust. Er unterhält gute menschliche Beziehungen zu jedermann, und am Tag, da ich ihn besuchte, gelangen ihm allein drei bedeutende Geschäftsabschlüsse. Er erzählt ohne Scham, daß er Gott allein diese Verwandlung zu verdanken hat, und ich bin fest davon überzeugt, daß nichts, absolut nichts unmöglich ist, wenn wir Gott nur halbwegs eine Chance geben, uns beizustehen. Wir alle können Erfolg und Befriedigung erreichen, wenn wir die Grundsätze positiven Denkens befolgen.«

Wir dürfen nie aufgeben, selbst wenn alles noch so schlecht aussieht, selbst wenn wir nicht mehr daran glauben können, jemals wieder Erfolg zu haben. Es öffnet sich immer wieder eine Tür, und Mißerfolg kann sich plötzlich in Erfolg und Hoffnungslosigkeit in Glück verwandeln. Nie ist die Dunkelheit so groß, daß nicht doch noch ein Lichtstrahl sichtbar wäre. Wenn Sie aber Schwierigkeiten gegenüberstehen, die Ihnen unüberwindlich und hoffnungslos erscheinen, dann mögen Sie die Geschichte von Herrn und Frau J.P. Lingle aus Missouri erfahren. Vor einigen Jahren schrieb mir Frau Lingle, nachdem sie mein Buch »Die Kraft positiven Denkens« gelesen hatte, den folgenden Brief:

»Vor drei Jahren hatten mein Mann und ich Gelegenheit, ein eigenes Geschäft zu übernehmen, nachdem wir während vierzehn Jahren die Filiale eines größeren Unternehmens geleitet hatten. Wir waren ziemlich unentschlossen und wollten die Entscheidung Gott überlassen, in dem Sinne, daß wir das Geschäft übernehmen würden, wenn es uns gelänge, das nötige Kapital aufzutreiben. Sollte uns dies nicht gelingen, so wollten wir, ohne zu murren, darauf verzichten.

Freunde und Verwandte offerierten uns jedoch spontan Mittel, und wir hatten den Eindruck, daß dies eine positive Antwort einer höheren Führung sei.

Trotzdem schien alles von Anfang an schiefzugehen. Nie gelang es uns, ein vernünftiges Verhältnis zwischen Einnahmen und Ausgaben zu schaffen. Bald regnete es Mahnungen, Telegramme, Betreibungen und ungeduldige Telefonanrufe.

Heute haben wir eine Schuld von zehntausend Dollar und besitzen nichts außer einem sieben Jahre alten Wagen und unserem Mobiliar. Mein Mann verdient monatlich 310 Dollar, und wenn die Steuern abgezogen sind, bleibt nichts übrig, um die Schulden zu tilgen. Trotzdem weigerten wir uns, den Bankrott anzumelden, weil dann viele Leute, die uns Vertrauen geschenkt hatten, um ihr Geld gebracht worden wären. Es ist schwer, Vertrauen zu bewahren, wenn man häßliche Briefe von Gläubigern erhält und keine Aussicht besteht, mit dem geringen Verdienst Schulden abzuzahlen.

Ich wäre Ihnen sehr dankbar, wenn Sie mir einige Worte zu unserer Situation schreiben könnten. Ich habe vermutlich zuwenig Erfahrung, durch meine Geisteshaltung eine Situation wie die unsrige zu meistern.«

Ich schrieb den Lingles einige Ratschläge, die mir richtig erschienen, doch ich dachte, die größte Hilfe für sie wäre der direkte Kontakt mit einem erfolgreichen positiven Denker, der in der Nähe von ihnen lebte. Ich bat ihn, sich der Leute anzunehmen und mit ihnen zu sprechen. Ich will diesen Mann als Herr S. bezeichnen, denn er wünscht nicht, daß seine Tätigkeit bekannt wird. Er verfolgt den Grundsatz, daß die rechte Hand nicht wissen sollte, was die linke tut.

Herr S. besuchte das Ehepaar Lingle und stellte fest, daß die beiden so sehr mit ihrem Problem beschäftigt waren, daß sie überhaupt nur von ihrer Schuld von zehntausend Dollar sprechen konnten. Er sagte ihnen, daß der erste Schritt zu einer Lösung des Problems darin liege, sofort mit Sparen anzufangen und jeden nur entbehrlichen Betrag sofort zurückzuzahlen.

»Aber«, protestierten die Lingles, »wir haben zehntausend Dollar Schulden!«

»Das will nichts heißen«, antwortete Herr S. »Meine Frau und ich waren im Jahre 1933 vollständig bankrott. Wir waren genau in der gleichen Situation, nur hatten wir nicht zehntausend, sondern dreiundsechzigtausend Dollar Schulden, und wir wurden auch damit fertig.«

S. erklärte dem Ehepaar Lingle die Grundsätze des richtigen Sparens, wie es den Menschen anspornt, ihm Kraft und neuen Mut verleiht. Er erklärte ihnen aber auch die wichtigsten Grundsätze einer positiven Lebensweise und die Tatsache, daß selbstloses Geben immer gute Früchte trägt.

Herr S. und das Ehepaar Lingle baten Gott zusammen, ihnen bei der Lösung ihres schweren Problems zu helfen; sie versprachen, alles in die Hände Gottes zu legen und sich seiner Führung anzuvertrauen. Sie machten Schluß mit ihrer Selbstbemitleidung, mit ihren Sorgen und ihrer unerträglich gewordenen inneren Spannung. Sie überließen das Problem Gott und gingen mit neuem Selbstvertrauen an ihre Arbeit. Jetzt war der Weg für eine schöpferische, positive Tätigkeit frei. Und kurz darauf stellten sie fest, daß sich dieses geistige Prinzip auch in den praktischen Dingen auswirkte. Das erste Ergebnis wurde mir in einem Brief von Frau Lingle im August, ungefähr vier Monate nachdem sie mir das erste Mal geschrieben hatte, mitgeteilt:

»Ich möchte Ihnen mitteilen, daß ich seit dem Besuch von Herrn S. keinen einzigen Sorgentag mehr gehabt habe. Soeben erhielt ich einen Brief eines Gläubigers, der mir mitteilte, daß er bereit sei, uns weiterhin entgegenzukommen und uns zur Begleichung unserer Schuld Zeit zu lassen.«

Und einige Zeit später kam ein anderer Brief von den Lingles, worin es hieß:

»Möchten Sie eine wunderbare Geschichte hören? Wir können Ihnen eine solche erzählen. Vor zwei Wochen erhielten wir eine Mitteilung des Steueramtes, worin uns für geschuldete neunzig Dollar die Betreibung angedroht wurde. Außerdem zeigte sich, daß unser Wagen, den wir für unsere Arbeit dringend benötigen, eine teuere Reparatur nötig hatte. Zu allem Überfluß kam noch die Mitteilung, daß die Haftpflichtversicherung für unser Auto fällig sei. Wir konnten uns nicht mehr vorstellen, wie wir diese Verpflichtungen alle erfüllen sollten. An diesem Tag besuchte uns der Vertreter einer Büromaschinenfabrik und teilte uns mit, daß er einen Käufer für unsere Rechenmaschine, die wir seit fünf Monaten zu verkaufen suchten, gefunden hatte. Der Preis war so, daß wir nicht nur unsere Steuern, die

Reparatur des Wagens, sondern auch die Autoversicherung damit zahlen konnten. Ist das nicht eine erstaunliche und wunderbare Fügung? Doch das ist nicht alles.

Noch immer war es mir nicht geglückt, eine Arbeit zu finden, die es mir erlaubte, Skippy, unseren kleinen Jungen, bei uns zu Hause zu haben. Doch indem ich die Grundsätze positiven, selbstlosen Denkens praktisch anwandte, ging ich eines Tages ganz zufällig im Büro unserer Kirche vorbei, stellte mich dort vor und sagte, ich hätte zu Hause eine Schreibmaschine und sei bereit, für die Kirche irgendwelche Schreibarbeiten kostenlos zu übernehmen.

Die Leute waren überaus erstaunt. Sie erzählten mir, daß sie soeben ihre Sekretärin verloren hätten und sehr in Verlegenheit wären. Mein Angebot sei für sie ein wahres Glück. Ich nahm verschiedene Matrizen mit nach Hause, schrieb sie und brachte sie am andern Tag wieder zurück.

Am selben Abend erhielt ich den Telefonanruf einer Firma, bei der ich vor zwei Monaten ein Arbeitsangebot eingereicht hatte, das ich jedoch bereits vergessen hatte. Man fragte mich an, ob ich bereit sei, zu 1.25 Dollar per Stunde als Anfangslohn Matrizen zu schreiben. Ich könne mir die Arbeit einteilen, wie ich wolle, und auch zu Hause arbeiten, wenn mir dies besser zusage. Finden Sie nicht auch, daß dies eine wunderbare Geschichte ist?«

Und so ging es weiter: eine glückliche Fügung nach der andern, und die Lingles vertrauten weiter auf Gott, gaben das Ihre und wurden mit allen Schwierigkeiten fertig. Herr Lingle eröffnete ein neues Geschäft und hatte Erfolg damit, was der folgende Brief seiner Frau, den ich zwei Jahre später erhielt, beweist:

»Ich kann nicht mehr länger schweigen! Hier ist ein weiteres Ereignis, das beweist, wie sehr Gott für uns sorgt und uns weiterhilft. Sie erinnern sich, daß wir seit dem letzten Oktober nach einem andern Auto Ausschau hielten, nachdem unser alter Studebaker seinen Dienst versagt hatte. Wir fanden dann einen Wagen, einen Buick aus zweiter Hand, doch wir waren der Ansicht, daß dieses Auto zu kostspielig für uns sei. Jim suchte weiter, doch er fand keinen anderen Wagen, der es mit diesem Buick in bezug auf Preis und Qualität aufnehmen konnte. Eines Tages sagte er: ›Nun gut, wir wissen, daß wir nicht unbedingt einen so teuren Wagen brauchen, wir wissen auch, daß wir kaum genug Geld für die Anzahlung haben, doch wenn dies der Wagen ist, der uns bestimmt ist, dann werden wir die Anzahlung auch irgendwie aufbringen, und wenn wir das Geld haben, wird der Wagen auch noch für uns da sein.‹ Wie Sie wissen, erhält Jim eine Provision vom Jahresumsatz, doch es waren erst zwei Monate des Jahres 1958 verstrichen, und was wir bis dahin verdient hatten, war durch die Eröffnungskosten unseres Ladens verschlungen worden.

Sie werden sich unser Erstaunen vorstellen können, als Jim von seiner Firma einen Brief erhielt, worin ihm mitgeteilt wurde, man würde ihm seinen Gewinnanteil bereits jetzt auszahlen, da man seine Arbeit sehr schätze und um ihm zu helfen, seine Anfangsschwierigkeiten zu überbrücken. So etwas war überhaupt noch nie vorgekommen, und anstatt der üblichen zehn Prozent erhielt Jim sogar fünfzehn Prozent! Damit hatten wir die Anzahlung für den Wagen erhalten, und obschon seither vier Monate verstrichen waren, war der Wagen immer noch vorhanden. Sie fragten mich an, wieviel wir bisher an unserer Schuld von zehntausend Dollar zurückzahlen konnten. Nächsten Monat ist es zwei Jahre her, seit wir mit unseren Rückzahlungen begannen, und wir haben bereits viertausend Dollar bewältigt!«

Und hier ist der letzte Bericht, den ich von den Lingles erhielt: »Dieser Brief möchte Ihnen davon berichten, wie es uns heute geht. Wir sind zwar keineswegs ganz ohne Schulden, aber wir haben Mut und Selbstvertrauen gewonnen. Es kann gar kein Zweifel bestehen, daß uns die Grundsätze positiven Denkens geholfen haben und daß sie auch andern Menschen in ähnlichen Situationen helfen werden. Wenn wir mit Menschen zusammenkommen, die von Sorgen bedrückt werden, senden wir ihnen einen Brief, den wir vervielfältigen ließen und worin wir unsere Erfahrungen schildern. Vielleicht möchten Sie unsere Idee weiter verwenden. Ich sende Ihnen beiliegend eine Abschrift dieses Briefes.«

Der Brief lautet:

»Liebe Freunde, jede Woche legen Jim und ich ein kleines Geschenk in einen Briefumschlag, um damit andern eine Freude zu machen. Wenn wir dann von jemandem hören, der Not leidet, so wie es uns oft ergangen ist, senden wir ihm unseren Brief. Unsere kleine

Hilfe wird vielleicht dazu beitragen, daß Sie die jetzigen Schwierigkeiten besser überwinden können. Wir wollen nicht, daß Sie uns das Geld zurückzahlen, doch wir haben den Wunsch, Sie möchten zwei Dinge beachten: Erzählen Sie niemandem davon, und wenn Sie wieder festen Boden unter den Füßen haben, halten Sie Ausschau nach jemandem, der ebenso eine Hilfe nötig hat, wie es nun bei Ihnen selbst der Fall ist. Zahlen Sie unseren Beitrag nicht *uns* zurück, sondern schenken Sie ihn jemandem unter denselben Bedingungen. Niemand erfährt etwas von unserem Tun. Es soll eine Angelegenheit zwischen Gott, Ihnen und uns sein, und wenn Sie unseren Beweggrund kennen möchten, lesen Sie Matthäus 6,1-4.«

Wir wollen nun die wichtigsten Grundsätze einer aufbauenden Lebenshaltung, wie wir sie in diesem Kapitel kennengelernt haben, zusammenfassen.

Zuerst ist es wichtig, daran zu denken, was »Erfolg« für uns bedeuten soll. Setzen wir uns ein klares Ziel, und versichern wir uns, daß dieses Ziel mit dem, was Gott mit uns vorhat, im Einklang steht. Machen wir nicht den Fehler, unsere Wünsche einzig und allein auf materiellen Erfolg auszurichten: Gott hat mit uns ganz anderes vor als lediglich einen möglichst hohen Lebensstandard. Er will, daß wir ein erfülltes und in diesem Sinne erfolgreiches Leben führen, sei es nun in unserem beruflichen, sozialen, geistigen, intellektuellen und physischen Wesen. Er ist es, der uns wahren Reichtum verspricht. Unterschätzen wir nicht die göttliche Kraft, die uns zuteil werden kann, wenn wir ihr Einlaß gewähren.

Zweitens: Strengen wir uns an, bis wir wirklich erfaßt haben, daß es uns möglich ist, durch unsere Geisteshaltung unsere Zukunft positiv zu beeinflussen und zu gestalten. Schaffen wir in unserer Vorstellungskraft ein erfolgreiches Bild unserer Persönlichkeit, halten wir daran fest, bis es Wirklichkeit wird. Positives Denken vermag tatsächlich die Bedingungen unseres Daseins zu verändern.
Drittens: Stellen wir Gott in den Mittelpunkt unseres Daseins. Beten wir, und suchen wir seine Führung.

Viertens: Lernen wir Anteil zu nehmen am Schicksal anderer Menschen, teilen wir unsere Erfolge großzügig mit andern. Lehren wir andere, wie sie ähnliche Ergebnisse wie wir selbst durch eine geistige Umstellung erreichen können. Auf diese Weise werden wir feststellen können, daß ein Strom schöpferischen Lebens unser Dasein durchpulst: Wir zahlen damit die Prämien an eine Versicherung für die Fortdauer eines erfolgreichen Lebens.

Befolgen Sie diese vier Grundsätze mit Entschiedenheit und Ausdauer, und der Erfolg – nämlich ein reicheres, erfüllteres Leben – wird nicht ausbleiben. Beginnen Sie sofort, Ihr Denken nach diesen Grundsätzen neu zu gestalten.

Glauben Sie an sich selbst!

Glauben Sie an sich selbst! Haben Sie Vertrauen in Ihre Fähigkeiten! Ohne ein bescheidenes, aber vernünftiges Maß an Vertrauen in unsere eigene Kraft können wir weder erfolgreich noch glücklich werden. Selbstvertrauen bringt Erfolg. Jedes Gefühl der Minderwertigkeit vermindert die Kraft unserer Hoffnung und lähmt unsere Tatkraft; *Selbstvertrauen aber führt zur Selbstverwirklichung und zur erfolgreichen Vollendung unserer Aufgaben*. Angesichts der großen Bedeutung dieser Geisteshaltung wird sich dieses Buch eingehend damit befassen, dem Leser den Weg zum Selbstvertrauen zu zeigen, damit er lerne, seine inneren Kräfte voll zu entfalten.

Es ist erschreckend, feststellen zu müssen, wie viele Menschen an Minderwertigkeitsgefühlen leiden. Wenn die richtigen Schritte unternommen werden, können wir uns aber mit Sicherheit davon befreien und jenes schöpferische Vertrauen in uns entwickeln, das durchaus berechtigt und natürlich ist.

Als ich an einem Kongreß von Geschäftsleuten einen Vortrag hielt, wandte sich am Schluß des Abends ein Zuhörer mit der Bitte an mich: »Könnte ich Sie in einer Angelegenheit sprechen, die für mich von größter Bedeutung ist?«

Wir begaben uns in ein Zimmer hinter der Vortragsbühne und setzten uns.

»Ich wurde in diese Stadt gesandt, um das wichtigste Geschäft meines Lebens zum Abschluß zu bringen«, erklärte er. »Wenn ich Erfolg habe, bedeutet es für mich alles in der Welt, wenn nicht, bin ich erledigt.«

Ich warf ein, er möge sich doch ein wenig entspannen. Nichts sei dermaßen endgültig, wie er es darstelle. Würde er Erfolg haben, wäre dies sicher zu begrüßen. Wenn nicht, wäre morgen wieder ein Tag.

»Ich habe kein Selbstvertrauen mehr«, sagte er entmutigt, »ich glaube einfach nicht, daß es mir gelingen wird. Ich bin mutlos und fühle mich niedergedrückt – in Tat und Wahrheit bin ich bereits erledigt. Ich bin 40 Jahre alt, und während meines ganzen Lebens wurde ich von Minderwertigkeitsgefühlen gejagt und geplagt. Heute habe ich nun Ihren Vortrag über die Macht des positiven Denkens gehört, und ich frage: *Was* kann ich tun, um mehr Vertrauen in mich selbst zu gewinnen?«

»Zwei Dinge müssen getan werden«, sagte ich, »zuerst muß abgeklärt werden, *woher* diese Minderwertigkeitsgefühle kommen. Das ruft nach einer Charakteranalyse und erfordert Zeit. Wir müssen die Krankheiten unseres Gemütes genauso sorgfältig behandeln wie diejenigen des Körpers. Das aber kann nicht blitzartig getan werden und jedenfalls nicht heute abend in einer kurzen Aussprache. Vielleicht ist sogar eine längere Behandlung nötig. Um Ihnen aber Ihr gegenwärtiges Problem meistern zu helfen, will ich Ihnen ein Mittel geben, das nicht versagen wird, wenn Sie gewillt sind, es wirklich anzuwenden. – Wenn Sie jetzt heimgehen, wiederholen Sie still für sich ein Wort, das ich Ihnen mitgeben werde. Wiederholen Sie es *mehrmals*, wenn Sie sich zu Bett gelegt haben, und nach dem Erwachen, bevor Sie aufstehen. Tun Sie dies mit einem Gefühl der ruhigen Sicherheit und des Vertrauens, und Sie werden genügend Kraft erhalten, um Ihr Selbstvertrauen zurückzugewinnen. Später können wir uns eingehend mit einer Analyse Ihrer Probleme befassen. Was immer wir auch unternehmen, dieses Wort bildet einen wesentlichen Bestandteil unserer Behandlung: ›*Ich vermag alles durch den, der mich stark macht, Christus.*‹« (Philipper 4,13)

Das Wort war ihm fremd; ich schrieb es auf eine Karte und ließ es ihn dreimal laut vorlesen.

»Und jetzt folgen Sie meinem Rat, und ich weiß, daß sich die Dinge gut entwickeln werden.«

Er stand auf, verharrte einen Augenblick ruhig und sagte dann mit einer bemerkenswert sicheren Stimme: »Gut, Doktor, sehr gut.«

Ich blickte ihm nach, wie er seine Schultern straffte und in die Nacht hinausging. Seine äußere Haltung hatte sich verändert und zeigte mir, daß die Kräfte des Vertrauens bereits begonnen hatten, in ihm zu arbeiten.

Später erzählte er mir, dieses einzige Wort hätte in ihm wahre Wunder gewirkt. »Es schien mir unglaublich, daß ein einziges Bibelwort so viel für einen Menschen tun kann.«

Der gleiche Mann ließ nachher eine Analyse seiner Minderwertigkeitsgefühle machen. Sie wurden psychologisch behandelt und durch die Entfaltung des religiösen Vertrauens zum Verschwinden gebracht. Er wurde gelehrt, Vertrauen in sich selbst zu haben und ganz bestimmte Anweisungen, die im Verlaufe des Kapitels noch geschildert werden, zu befolgen. Schritt für Schritt errang er ein starkes und dauerhaftes Vertrauen in sich selbst, und er ist begeistert von der wunderbaren Tatsache, daß seither die Dinge sich nicht mehr *gegen ihn* entwickeln, sondern ihm vielfach direkt *entgegenkommen*. Seine Persönlichkeit hat ihren negativen Charakter verloren und wurde positiv; seine Unternehmungen gelingen ihm. Er verfügt heute über ein berechtigtes und überzeugtes Vertrauen in seine eigene Kraft.

Minderwertigkeitsgefühle haben die verschiedensten Ursachen. Oft sind Erlebnisse aus unserer Kindheit mitschuldig.

Einst fragte mich der Leiter eines großen Betriebes um Rat; er habe einen jungen Angestellten, den er gerne mit einer größeren Aufgabe betraut hätte. »Aber«, erklärte er mir, »man kann ihm keine wichtigen Informationen anvertrauen, sonst hätte ich ihn schon längst zum Direktionssekretär ernannt. Er verfügt über alle notwendigen Fähigkeiten, aber er spricht zuviel, und so plaudert er – ohne böse Absicht – wichtige private und geschäftliche Dinge aus.«

Durch eine Analyse fand ich heraus, daß der junge Mann »zuviel sprach«, weil er an einem Minderwertigkeitskomplex litt. Um ihn auszugleichen, versuchte er, sich wichtig zu machen, indem er mit seinem Wissen glänzen wollte. Er mußte mit Männern zusammenarbeiten, die alle über eine sehr gute Schulbildung verfügten, zum Teil Akademiker waren und irgendeiner Studentenverbindung angehörten, während er selber als armer Junge aufgewachsen war, keine höhere Schule besuchen und daher keiner Verbindung angehören konnte. Dieser Umstand erzeugte in ihm ein Gefühl der Minderwertigkeit gegenüber seinen Mitarbeitern, sowohl in bezug auf seine Bildung als auch auf seine soziale Stellung. Um diesen Unterschied auszugleichen, trieb ihn sein Unterbewußtsein, das immer versucht, den Ausgleichsmechanismus in Bewegung zu setzen, dazu, irgend etwas zu unternehmen, um seinem Ich auf jene Höhe zu verhelfen, die es sich ersehnte.

Seine berufliche Aufgabe bestand hauptsächlich in der Begleitung seines Vorgesetzten zu wichtigen Industriekonferenzen, wo er mit erfahrenen und bekannten Persönlichkeiten zusammentraf und oft Gelegenheit hatte, auch ihre privaten Gespräche mit anzuhören. Dies verführte ihn dazu, oft sein »Privatwissen« bekanntzumachen, um damit die Beachtung und das Interesse seiner Zuhörer zu wecken. Dadurch gelang es ihm, sein Geltungsbedürfnis einigermaßen zu befriedigen. Als ich seinen Arbeitgeber über die *Hintergründe* dieser Schwatzhaftigkeit informierte, zeigte er viel Verständnis für den jungen Mann und bemühte sich, ihn auf die schönen Entwicklungsmöglichkeiten hinzuweisen, die ihm seine Arbeit bot. Er erklärte ihm auch, wie ihn seine unberechtigten Minderwertigkeitsgefühle dazu trieben, Geschäftsgeheimnisse auszuplaudern. Die daraus resultierende *Selbsterkenntnis*, zusammen mit der konsequenten Anwendung von Übungen zur Gewinnung des Selbstvertrauens, verwandelte den jungen

Mann in einen wertvollen Mitarbeiter, der volles Vertrauen verdiente. Seine wahren Fähigkeiten waren befreit und konnten sich entfalten.

Ich will nun versuchen, zu erklären, wie viele Kinder durch Beziehungspersonen einen Minderwertigkeitskomplex erhalten. Als kleiner Knabe war ich schrecklich mager. Ich verfügte zwar über sehr viel Energie, spielte in einem Sportklub und war trotz meiner Magerkeit zäh wie Leder. Trotzdem beschäftigte mich meine Magerkeit, denn es ging mir auf die Nerven, daß mich meine Kameraden mit entsprechenden Übernamen bedachten. Ich wollte unbedingt fester werden, und wenn man mich »Dicker« gerufen hätte, wäre dies das schönste Kompliment für mich gewesen. Ich tat alles, um fetter zu werden, nahm Lebertran, trank unzählige Flaschen Milch, aß Süßigkeiten und Schlagrahm, doch alles nützte nichts; ich war mager und blieb mager. Meine Magerkeit verursachte mir schlaflose Nächte, und ich versuchte weiterhin alles, um dicker zu werden, bis ich plötzlich – ich war 30 Jahre alt – so dick wurde, daß mir die Kleider zu platzen drohten. Bald war es so weit, daß ich mich meiner Beleibtheit schämte, und ich hatte alle Mühe, 20 Pfund abzunehmen, um wieder ein normales Gewicht zu erreichen.

Ich erzähle diese persönliche Erfahrung nur, weil sie vielleicht anderen helfen kann, zu erkennen, *wie* solche Fehlentwicklungen zustande kommen. Ich bin der Sohn eines Pfarrers und wurde damals durch meine Kameraden ständig an diese Tatsache erinnert. Alle meine Mitschüler konnten tun und lassen, was sie wollten, wenn *mir* aber auch nur das Geringste passierte, hieß es sofort: »Aha, des Pfarrers Früchtchen!« Ich aber wollte gar nicht des Pfarrers Söhnchen sein, denn diese sollten sich ja bekanntlich immer wie Musterkinder aufführen. Viel eher wollte ich als ein hartgesottener Kerl gelten, und das ist auch der Grund, warum Pfarrerssöhne oft als »ein bißchen schwierig« gelten. Sie wehren sich gegen die Rolle, die man ihnen aufzwingt.

Obwohl ich aus einer Familie stamme, in der praktisch jedes Mitglied im öffentlichen Leben stand, war dies gerade das letzte, was ich mir wünschte. Man zwang mich, in der Öffentlichkeit das Wort zu ergreifen, etwas, das mich mit Angst und Schrecken erfüllte. Das war vor vielen Jahren, aber ein Schatten davon fällt heute noch jedesmal auf mich, wenn ich eine Rednertribüne betrete. Ich mußte alle bekannten guten Ratschläge anwenden, um mein natürliches, gottgegebenes Selbstvertrauen zu erhalten.

Die Lösung des Problems fand ich in den einfachen Wahrheiten und Grundsätzen der Bibel. Diese Lehren sind frei von Irrtümern; durch sie kann *jedermann* von der Qual der Minderwertigkeitsgefühle befreit und geheilt werden. Ihre Anwendung erlaubt uns, verborgene Kräfte zu finden und zur Entfaltung zu bringen.

Unsere Minderwertigkeitsgefühle können aus verschiedenen Quellen stammen: es kann sich um irgendeine Vergewaltigung unseres Gemütes handeln, die uns in der Kindheit angetan wurde; vielfach sind es auch die logischen Konsequenzen gewisser Lebensumstände oder eines Schuldbewußtseins. Die Krankheit der Minderwertigkeitsgefühle liegt meist verborgen im Nebel der Vergangenheit und in den geheimsten Falten unserer Persönlichkeit.

Vielleicht hatten wir einen älteren Bruder, der ein glänzender Schüler war. Er hatte überall Note 1, während wir uns mit einer 2 oder 3 begnügen mußten. Langsam begannen wir zu glauben, wir könnten nie Ebenbürtiges leisten. Er brachte seine Einer nach Hause und wir unsere Zweier und Dreier, und mit der Zeit glaubten wir, so werde es das ganze Leben lang bleiben. Wir vergaßen, daß sehr oft gerade schlechte Schüler im späteren praktischen Leben großen Erfolg haben. Die Tatsache eines guten Zeugnisses ist noch lange keine Gewähr für spätere große Leistungen. Vielleicht hören die Einer mit der Erreichung der Matura plötzlich auf, und ein Kamerad, der stets an zweiter, dritter oder vierter Stelle lag, rückt auf und erringt *die Einer des Lebens!*

Viele ähnliche Erlebnisse haben mir die Einsicht und die Erkenntnis gebracht, daß wir alle Minderwertigkeitsgefühle überwinden, wenn wir uns gläubig Gott anvertrauen. Er wird unser Selbst mit Vertrauen erfüllen, mit einem echten, demütigen und realistischen Selbstvertrauen.

Dieses Vertrauen erreichen wir durch gläubiges Gebet und durch die praktische Anwendung der biblischen Grundwahrheiten. In einem der nächsten Kapitel werde ich mich mit der Art des Gebets auseinandersetzen, möchte aber bereits an dieser Stelle ausdrücklich darauf hinweisen, daß es *eine ganz besondere Form von Gebet* ist, die unsere Minderwertigkeitsgefühle vertreibt und unser Selbstvertrauen stärkt. Oberflächliches und gedankenloses Beten genügt nicht.

Eine prachtvolle Negerin, die bei einer mir bekannten Familie als Köchin amtet, wurde gefragt, woher sie ihre stets gute Laune nehme und wie es ihr gelungen sei, alle ihre Sorgen zu meistern. Sie sagte, gewöhnliche Probleme könnten mit den üblichen Gebeten überwunden werden, doch »wenn ganz große Sorgen kommen, muß man auch ganz groß und tief beten.«

Einer meiner Freunde, der zu den besten Seelsorgern zählt, die ich kenne, sagt: »Den meisten Gebeten fehlt die wirkliche Tiefe und Überzeugung. Wir müssen lernen, tief und gläubig zu beten. Gott wiegt unsere Gebete nach ihrer Tiefe.« Ohne Zweifel hat mein Freund recht, sagt doch auch die Schrift: *»Euch geschehe nach eurem Glauben.«* (Matthäus 9,29) Je größer unsere Sorgen und Schwierigkeiten sind, um so tiefer müssen auch unsere Gebete und um so stärker muß unser Glaube sein.

Der bekannte Sänger Roland Hayes machte mich mit seinem Großvater bekannt, dessen Ausbildung bei weitem nicht diejenige seines Enkels erreichte, dessen natürliches Wissen aber unverdorben und gesund ist. Er sagte: »Was den meisten Gebeten fehlt, ist ihre Durchschlagskraft.«

Unsere Gebete müssen unsere Zweifel, Ängste und Schwächen

tief durchdringen und sie auflösen wie die strahlende Sonne den feuchten Nebel.

Die Fähigkeit, Selbstvertrauen zu gewinnen und es im Leben machtvoll einzusetzen, ist ein besonderes inneres Wissen und muß, wie jedes Wissen, mit Kopf und Herz erfaßt und praktisch angewandt werden, wenn unser Bemühen von Erfolg gekrönt sein soll.

Am Ende dieses Kapitels werde ich zehn Grundsätze aufstellen, die unsere Minderwertigkeitsgefühle und Schwächen überwinden helfen und uns Selbstvertrauen schenken. Wenn Sie diese Grundregeln beharrlich und mit gläubiger Entschlossenheit anwenden, werden Sie damit jedes Gefühl der Minderwertigkeit überwinden können, wie tief es auch immer verankert ist.

An dieser Stelle möchte ich betonen, daß es von größter Wichtigkeit ist, unserem Geist immer und immer wieder Gedanken des Vertrauens und der Zuversicht zukommen zu lassen. Wenn wir von Minderwertigkeitsgefühlen und Unsicherheit geplagt werden, so darum, weil diese Ideen unseren Geist seit langer Zeit beherrschen. Andere und positive Ideen müssen unser Denken durchdringen; das aber erreichen wir nur durch die beharrliche Wiederholung positiver Gedanken. In unserer schnellebigen Zeit und im täglichen Existenzkampf kann unser Geist nur durch eine aktive Gedankenkontrolle gesund erhalten und zu jener unerschöpflichen Kraftquelle werden, die er sein muß und sein kann. Es ist durchaus möglich, mitten in unserer Tagesarbeit positive Gedanken in unser Bewußtsein zu senden. Das bewies mir einer meiner Bekannten, der mich an einem eisigkalten Wintermorgen mit seinem Wagen abholte, um mich in eine andere Stadt zu fahren, wo ich einen Vortrag halten sollte. Auf der Landstraße, die ziemlich glitschig war, schlug er ein Tempo an, das mir nicht sehr vernünftig erschien, und ich bemerkte, wir hätten genügend Zeit, und er möge ruhig etwas langsamer fahren. »Machen Sie sich über meine Fahrweise keine Sorgen«, sagte er, »ich hatte eine Zeit, da ich mit allerlei Unsicherheitsgefühlen erfüllt war, doch das habe ich überwunden. Ich hatte Angst vor allem und jedem: vor jeder Autofahrt und vor jeder Flugreise, und wenn jemand von meiner Familie auf eine Reise ging, hatte ich Angst, er würde nicht mehr zurückkehren. Stets wurde ich vom Gefühl geplagt, irgend etwas könnte passieren, und mein Dasein war eine wahre Qual. Dieser Geisteszustand widerspiegelte sich auch in meinem Beruf, und es ging mir nicht gerade gut. Glücklicherweise kam ich auf eine Idee, die sich wunderbar bewährte, die mir half, alle diese Gefühle der Schwäche und Unsicherheit aus meinem Denken zu verbannen, und die mich mit Vertrauen erfüllte, nicht bloß mich persönlich, sondern *mein ganzes Dasein.*«

Und hier seine »Idee«: Er zeigte mir an seinem Instrumentenbrett zwei Clipse, nahm aus einem Fach eine Anzahl Karten, wählte eine davon aus und steckte sie in die Clipse. Ich las: »*So ihr Glauben habt ... wird euch nichts unmöglich sein.*« (Matthäus 17,20) Mein Bekannter entfernte diese Karte wieder, und indem er mit einer Hand weitersteuerte, befestigte er mit der andern eine neue

Karte. Sie lautete: »*Ist Gott für uns, wer mag wider uns sein?*« (Römer 8,31)

»Ich bin ein reisender Kaufmann«, erklärte er, »und ich bin den ganzen Tag bei meinen Kunden unterwegs. Ich fand heraus, daß man beim Autofahren allerlei Gedanken nachgeht. Wenn die Gedanken negativ sind, wird man im Laufe eines Tages viel Schaden nehmen. Und so erging es mir: Während ich von Kunde zu Kunde fuhr, hing ich meist negativen und mutlosen Gedanken nach, und das war der Hauptgrund, warum meine Tätigkeit immer weniger Erfolg hatte. Seit ich aber mit Hilfe dieser Karten Gedanken des Vertrauens in mich aufnehme, habe ich gelernt, anders und positiv zu denken. Anstelle der alten, negativen Gedankenwelt ist eine neue, bejahende und vertrauende getreten. Mein Geist ist erfüllt von Ideen des Mutes und des Selbstvertrauens.

Dieses kleine Hilfsmittel hat tatsächlich mein Leben verändert, und es hat mir auch in meiner beruflichen Tätigkeit Erfolg gebracht. Wie soll ein Vertreter Erfolg haben, wenn er das Haus eines Kunden schon mit Gedanken des Mißerfolgs und der Mutlosigkeit betritt?«

Diese Methode meines Bekannten ist außerordentlich wirkungsvoll. Indem er seine Gedankenwelt mit der Gegenwart und Hilfe Gottes erfüllte, gelang es ihm, sein ganzes Denken *positiv* zu beeinflussen. Er überwand die lange Periode der Unfruchtbarkeit und der Schwäche, und seine wahren Lebenskräfte wurden frei.

Gefühle der Sicherheit oder Unsicherheit hängen von unserer Denkweise ab. Wenn wir unsere Gedanken ständig auf die Erwartung düsterer und gefährlicher Dinge konzentrieren, werden wir uns auch fortwährend unsicher fühlen. Und was noch viel gefährlicher ist: Durch die Macht unserer Gedanken erzeugen wir einen dauernden Zustand der Angst und direkt die Voraussetzung für ungünstige Entwicklungen. Mein Bekannter aber erzeugte schöpferische, bejahende Gedanken, indem er die Karten an seinem Instrumentenbrett befestigte und jene Gedanken machtvoll auf sich wirken ließ.

Mangelndes Selbstvertrauen ist eines der großen Probleme unserer Zeit. An einer Universität wurden an 600 Studenten psychologische Studien angestellt. Sie wurden aufgefordert, ihr schwierigstes persönliches Problem zu bezeichnen. *75 Prozent nannten mangelndes Selbstvertrauen als ihr Hauptproblem*. Man darf ruhig annehmen, daß der gleiche hohe Prozentsatz ganz allgemein Gültigkeit hat. Überall trifft man ängstliche Menschen, die an einer wahren Lebensscheu leiden und die voller Zweifel in ihre eigenen Fähigkeiten sind. Sie haben Angst, der Wirklichkeit mutig ins Auge zu schauen und Verantwortung zu übernehmen. Ständig werden sie geplagt von einer unbestimmten Angst, irgend etwas könnte schiefgehen. Sie wollen nicht glauben, daß sie alles in sich haben, was nötig ist, um *das* zu werden, was sie sich wünschen, und so versuchen sie, sich mit Dingen zu begnügen, die ihrer nicht würdig sind. Tausende und Abertausende kriechen so auf Händen und Knien durch ihr Leben, entmutigt und verängstigt, und in den allermeisten Fällen ist eine solche Kraftverschwendung vollkommen unnötig.

Schicksalsschläge, die Anhäufung von Schwierigkeiten und Sorgen haben die Tendenz, unsere Lebenskraft anzugreifen und uns zu entmutigen. In einer solchen Situation erscheint unsere wahre Widerstandskraft in einem ganz falschen Lichte; sie scheint uns viel geringer, als sie in Wirklichkeit ist. Es ist dann lebenswichtig, das Vertrauen in unsere wahre, tatsächliche Stärke wiederzugewinnen. Gelingt es uns, einige vernünftige Überlegungen anzustellen, so werden wir bald erkennen, daß wir viel weniger Grund haben, uns geschlagen zu geben, als wir glauben.

Ein 52jähriger Mann, der in großer Sorge war, besuchte mich, um mir seinen Zustand vollkommener Hoffnungslosigkeit zu schildern. Er sagte, er sei »vollkommen erledigt«, und erklärte mir, alles, was er in seinem Leben aufgebaut habe, sei verloren.

»Alles?« fragte ich.

»Alles!« wiederholte er. »Nichts ist mir geblieben. Es ist hoffnungslos, und ich bin zu alt, um noch einmal von vorne anzufangen. Ich habe nicht mehr das geringste Selbstvertrauen.«

Er erweckte meine aufrichtige Teilnahme, aber es war ganz offenkundig, daß tiefe Schatten der Hoffnungslosigkeit seinen Geist verdüsterten. Seine wahren Kräfte hatten sich vor dem Ansturm pessimistischer Gedanken zurückgezogen und ihn ohne Abwehrkräfte gelassen. *Das* war sein wichtigstes Problem.

»Gut«, sagte ich, »wir wollen ein Stück Papier nehmen und alle Werte, die Ihnen noch verblieben sind, aufschreiben.«

»Das ist sinnlos«, sagte er, »ich glaube, Ihnen bereits deutlich gesagt zu haben, daß ich überhaupt nichts mehr habe.«

Ich sagte: »Wir wollen es trotzdem versuchen. Hält Ihre Frau immer noch zu Ihnen?«

»Wieso? Ja, natürlich – und sie hält sich prachtvoll. Wir sind nun dreißig Jahre verheiratet, und sie würde mich nie im Stiche lassen, was immer auch geschieht.«

»Gut«, sagte ich, »dann wollen wir dies festhalten: Ihre Frau hält zu Ihnen, was immer auch geschehen könnte. Und wie steht es mit Ihren Kindern? Haben Sie welche?«

»Ja«, antwortete er, »drei, und ich habe keinen Grund, mich über sie zu beklagen. Es war rührend, wie sie zu mir kamen und erklärten: Wir haben dich gern, und wir werden zu dir halten.« »Das wäre Nummer zwei«, sagte ich, »drei Kinder, die Sie lieben und zu Ihnen stehen. Haben Sie Freunde?«

»Ja«, sagte er, »ich habe einige wirklich gute Freunde. Sie suchten mich sogar auf und boten mir ihre Hilfe an. Aber was können sie schon tun? Nichts!«

»Das wäre Nummer drei: Sie haben gute Freunde, die Sie achten und die Ihnen gerne helfen würden. Und wie steht es mit Ihrem Ruf? Haben Sie irgend etwas Schlechtes getan?«

»Mein Ruf ist in Ordnung. Ich habe immer versucht, anständig zu leben, und mein Gewissen ist sauber.«

»Sehr gut – wir wollen das als Nummer vier festhalten: Ihr Ruf ist in Ordnung. Und Ihre Gesundheit?«

»Ebenfalls. Ich war glücklicherweise sehr wenig krank und glaube, noch über gute physische Reserven zu verfügen.«

»So wollen wir ›gute Gesundheit‹ als Nummer fünf notieren. Und was halten Sie von unserem Land? Sind Sie nicht auch der Ansicht, daß unser Geschäftsleben floriert und noch immer eine Fülle von Möglichkeiten bietet?«

»Gewiß«, sagte er.

»Das wäre Nummer sechs: Sie leben in einem Land, das viele Möglichkeiten bietet.« Dann fragte ich: »Wie steht es mit Ihrer religiösen Überzeugung? Glauben Sie, daß Gott Ihnen helfen kann?«

»Ja«, sagte er, »das alles hätte ich ohne Gottes Hilfe nie überstanden.«

»Nun«, sagte ich, »unsere Liste lautet wie folgt:

1. Eine prachtvolle Frau, mit der Sie seit 30 Jahren verheiratet sind.
2. Drei liebende Kinder, die zu Ihnen stehen.
3. Freunde, die Sie achten und die Ihnen helfen wollen.
4. Guter Ruf. Gutes Gewissen.
5. Gute Gesundheit.
6. Sie leben in einem Land, das Sie schätzen.
7. Sie haben religiöses Vertrauen.«

Ich schob das Blatt über den Tisch hin. »Sehen Sie sich das an. Ich glaube, Sie haben immer noch einige

Trümpfe – und Sie behaupten, Sie hätten *alles* verloren?!«

Er lächelte beschämt und sagte: »Daran habe ich allerdings nicht gedacht«, und nachdenklich fügte er bei: »Vielleicht steht alles gar nicht so schlimm, wie ich dachte. Wenn ich nur etwas Selbstvertrauen gewinnen könnte, dann könnte ich es vielleicht noch einmal versuchen.«

Er gewann es, und er fing noch einmal von vorne an – doch erst, nachdem er seine Denkweise geändert hatte. Vertrauen ersetzte seine Zweifel, und er gewann genügend Kraft, um mit allen seinen Schwierigkeiten fertig zu werden.

Dieses Erlebnis bestätigt eine fundamentale Wahrheit, die auch in einer Feststellung des berühmten Psychiaters Dr. Karl Menninger zum Ausdruck kommt. Er sagte: *»Einstellungen sind wichtiger als Tatsachen.«* Dieser Grundsatz ist so wichtig, daß es sich lohnt, ihn so lange zu wiederholen, bis er uns in Fleisch und Blut übergegangen ist. Keine Tatsache, die sich uns entgegenstellt, ist je so wichtig wie die Einstellung, die wir zu ihr haben. Eine Tatsache kann uns einschüchtern, ja niederwerfen, bevor wir überhaupt etwas gegen sie unternommen haben – allein aufgrund unserer geistigen Einstellung. Andererseits können vertrauende, optimistische Gedanken jede Schwierigkeit vermindern und überwinden.

Ich kenne einen Mann, der für sein Unternehmen von allergrößter Bedeutung ist, keineswegs aber seiner besonderen Fähigkeiten halber, sondern allein seiner unerschütterlichen Geisteshaltung wegen. Wenn seine Teilhaber irgendeinem Problem pessimistisch gegenüberstehen, wendet er seine (wie er sagt) »Staubsaugermethode« an. Durch eine Reihe von präzisen Fragen »saugt er den Staub« aus der Gedankenwelt seiner Mitarbeiter, das heißt, er »liquidiert« Schritt für Schritt ihre negativen Ideen. Sodann bringt er systematisch alle positiven Gesichtspunkte des Problems zur Sprache, bis seine Teilhaber die ganze Frage in einem andern Lichte sehen und eine neue, bejahende Einstellung zu den Tatsachen gewonnen haben. Ein solches Vorgehen tut auch der Objektivität der Betrachtungsweise keinen Abbruch, denn aufgrund unseres Mangels an Vertrauen und unserer Schwächen sind wir stets geneigt, die Tatsachen in einem schiefen Licht zu sehen. *Das Geheimnis liegt einfach darin, eine normale, gesunde Einstellung zu gewinnen – und diese ist stets auf der positiven Seite einer Angelegenheit zu finden.*

Wenn Sie also wieder einmal glauben, Grund zur Niedergeschlagenheit zu haben, und wenn Sie Ihr Selbstvertrauen verloren haben, dann nehmen Sie ein Stück Papier und notieren Sie nicht die Dinge, die gegen Sie sprechen, sondern jene, die auf Ihrer Seite stehen. Wenn wir ständig an die Tatsachen denken, die *gegen* uns sind, gestatten wir ihnen, in unserem Leben einen Platz einzunehmen, der ihnen gar nicht zukommt. Die negativen Gesichtspunkte werden dann eine Macht über uns gewinnen, die sie in Tat und Wahrheit gar nicht besitzen. Wenn wir aber im Gegenteil unsere Fähigkeiten, unser Selbstvertrauen, unseren Mut und alles, was *für* uns spricht, in uns wachhalten, es immer und immer wiederholen und unsere Geisteswelt damit anfüllen, dann werden wir aus allen Schwierigkeiten siegreich hervorgehen, unsere inneren Kräfte werden sich sammeln und verstärken, und mit der Hilfe Gottes wird es uns sogar gelingen, eine Niederlage in einen Sieg umzuwandeln.

Eine der machtvollsten geistigen Konzeptionen, die uns helfen können, verlorenes Selbstvertrauen zurückzugewinnen, ist der Gedanke, daß Gott stets mit uns ist und uns beisteht. Dies ist eine der einfachsten und fundamentalsten religiösen Wahrheiten: Der allmächtige Gott ist stets an unserer Seite und verläßt uns nicht. Kein anderer Gedanke kann so große positive Wirkungen hervorbringen, wenn er im täglichen Leben getreulich angewandt wird. Wir sollten jeden Tag mehrmals daran denken, daß Gott mit uns ist und uns führt. Die Gegenwart Gottes in unserem Dasein muß zur gläubigen Tatsache, zur wissenden Überzeugung werden. Wir müssen uns immer wieder dieser Tatsache *bewußt sein*, sie uns *vorstellen* und sie *erleben,* dann wird sie zu einer *lebendigen Wahrheit* bei allem unserem Tun und wird Kräfte entwickeln, die ans Wunderbare grenzen. Emerson hat eine Wahrheit von größter Bedeutung ausgesprochen, als er sagte: »Derjenige gewinnt, der an den Sieg glaubt.« Und er fügte bei: »Tue das, wovor du dich fürchtest, und das Ende deiner Angst ist gewiß.« Wenn wir unsere Gedanken unablässig in den Bahnen des Vertrauens und des Glaubens halten, werden unsere

Sorgen, Ängste und Schwächen bald keine Macht mehr über uns haben.

Als Stonewall Jackson einst vor einer großen Schlacht stand, machte einer seiner Generäle ängstliche Einwendungen, wie: »Ich befürchte, daß ...« oder: »Ich habe Angst, daß ...« Indem Jackson seine Hand auf die Schulter seines Untergebenen legte, sagte er: »General, lassen Sie sich nie durch Ihre Befürchtungen Ratschläge erteilen.«

Das Geheimnis liegt darin, daß wir unseren Geist mit Gedanken des Vertrauens und des Glaubens und der Sicherheit erfüllen. Dadurch werden alle Zweifel aus unserem Denken vertrieben.

Einem Mann, der lange Zeit von seinen Minderwertigkeitsgefühlen und Schwächen geplagt worden war, riet ich, jeden Tag in der Bibel zu lesen und alle Stellen rot zu unterstreichen, die Mut und Zuversicht aussprechen. Er bemühte sich auch, diese Stellen seinem Gedächtnis einzuprägen, wodurch er seinen Geist mit den gesündesten, beglückendsten und wirkungsvollsten Gedanken der Welt erfüllte. Diese Gedanken von dynamischer Kraft veränderten ihn von einem hoffnungslos deprimierten Menschen zu einer Persönlichkeit von bezwingender Kraft. Schon nach einigen Wochen zeigte sich in seinem ganzen Wesen eine bemerkenswerte Veränderung. Heute strahlt dieser Mann Mut und Vertrauen aus. Er hat sein Selbstvertrauen durch eine grundlegende Änderung seiner Denkgewohnheiten wiedergewonnen.

Zusammenfassend: *Was können wir tun, um sofort mit dem Wiederaufbau unseres Selbstvertrauens zu beginnen?*

Die folgenden zehn Grundsätze sind einfache, aber höchst wirkungsvolle Regeln, um unsere Minderwertigkeitsgefühle zu überwinden und Vertrauen zu gewinnen. Wenn Sie diese Regeln befolgen, werden *Sie* bald wieder Vertrauen in die eigenen Fähigkeiten erringen und von neuer Kraft und frischem Lebensmut erfüllt werden.

1. Präge ein geistiges Bild deiner voll entwickelten Persönlichkeit! Halte dieses Bild in deiner Vorstellung beharrlich wach. Verliere es nie wieder! Dein Geist wird danach trachten, dieses Bild zu verwirklichen. Gestatte deinen Gedanken nicht, sich Mißerfolg auszumalen, sondern glaube an die Realität deiner Gedankenkräfte. Denke daran, daß unser Geist stets zu verwirklichen sucht, was wir uns vorstellen. Es ist gefährlich, Gedanken der Hoffnungslosigkeit und des Mißerfolges nachzuhängen.

2. Wenn ein negativer, hoffnungsloser Gedanke in bezug auf dich selbst und deine Möglichkeiten auftaucht, ersetze ihn durch einen positiven, vertrauenden Gedanken.

3. Baue keine Hindernisse auf in deiner Vorstellungswelt. Schwierigkeiten müssen geprüft werden, und wir müssen uns mit ihnen auseinandersetzen, aber sie sollen nicht mehr Gewicht erhalten, als sie tatsächlich haben.

Sie dürfen durch unsere Vorstellung nicht aufgeblasen werden.

4. Erstarre nicht in Ehrfurcht vor anderen Menschen, und versuche nie, andere zu kopieren. Niemand kann dir deine Persönlichkeit so vollkommen schenken wie du selbst. Denke immer daran, daß die meisten Menschen, auch wenn sie noch so sicher auftreten, oft genauso unter Zweifel und Niedergeschlagenheit leiden wie du selbst.

5. Wiederhole zehnmal im Tag die kraftvollen Worte: »Ist Gott für uns, wer mag wider uns sein?« (Römer 8,31) – Unterbrich gleich hier die Lektüre und wiederhole diese Worte langsam und vertrauensvoll.

6. Trachte danach, einen kompetenten Ratgeber zu finden, der dir helfen kann, deine Probleme zu verstehen und dir zu sagen, warum du so oder anders handelst. Versuche die Herkunft deiner negativen Gedanken und Selbstzweifel zu ergründen; sie ist meist in der Kindheit zu finden. Selbsterkenntnis führt zur Heilung.

7. Wiederhole jeden Tag zehnmal und wenn möglich laut die folgende Versicherung: »Ich vermag alles durch den, der mich stark macht, Christus.« (Philipper 4,13) Wiederhole dieses Wort gleich *jetzt*. Es enthält die machtvollste Kraft, die wir auf Erden allen Gefühlen der Schwäche entgegensetzen können.

8. Mache dir eine objektive und wahre Vorstellung deiner wirklichen Fähigkeiten. Dann versuche sie zu stei-

gern. Sei kein eitler Egoist, aber entwickle ein gesundes Maß von Selbstachtung. Glaube an deine eigenen, gottgegebenen Kräfte.

9. Vertraue auf Gott! Sage dir einfach: »Ich bin in Gottes Hand und *glaube,* daß ich *jetzt* alle Kräfte erhalten werde, die mir not tun.« Stelle dir vor, wie diese göttlichen Kräfte in dich hineinströmen. Versichere dir, daß »das Reich Gottes inwendig ist in dir« (Lukas, 17,21) in Form von Kräften, die den Anforderungen des Lebens gerecht werden.

10. Erinnere dich stets daran, daß Gott an deiner Seite ist und daß nichts in der Welt dich niederdrücken kann. Glaube, daß du *jetzt* und zu jeder Stunde Kraft von ihm empfangen wirst.

Begründen Sie Ihr Glück!

Wer entscheidet über Ihr eigenes Glück oder Unglück? Die Antwort heißt: Sie selbst!

Ein berühmter Radiokommentator hatte anläßlich eines bunten Programms einen alten Mann zu einem Interview eingeladen. Das Gespräch war vollkommen improvisiert, doch die Antworten des Greises waren so witzig, naiv und unkompliziert, daß jedermann seine helle Freude daran hatte. Schließlich fragte der Kommentator den Alten, *warum* er so glücklich und zufrieden sei. »Sie müssen ein wunderbares Geheimnis dafür besitzen«, fügte er bei.

»Nein«, sagte der alte Mann, »ich habe kein Geheimnis. Die Sache ist so natürlich wie die Nase in Ihrem Gesicht. Wenn ich am Morgen aufstehe«, erklärte er, »habe ich die Wahl zwischen Glücklichsein und Unzufriedenheit. Und was glauben Sie, wähle ich? *Ich wähle das Glück – das ist alles!*«

Das scheint vielleicht eine oberflächliche und übertriebene Vereinfachung zu sein, doch ich möchte an Abraham Lincoln erinnern, dem sicher niemand Oberflächlichkeit vorwerfen kann. Er sagte, die Menschen seien gerade so glücklich, wie sie es sich wünschten. Wir können unglücklich sein, wenn wir es *wollen,* nichts leichter als das! Wir brauchen das Unglück nur zu wählen und uns einzureden, alles stehe schlecht – und wir werden bestimmt Unglück und Unzufriedenheit ernten. Sagen wir uns aber: »Die Dinge stehen gut; das Leben entwickelt sich glücklich – *ich wähle das Glück«* – dann können wir sicher sein, daß unser Dasein sich besser und glücklicher gestaltet.

Kinder wissen vom Lebensglück mehr als Erwachsene. Wer es versteht, auch in späteren Jahren kindliche Glückseligkeit in sich zu tragen, ist mit einer großen Gnade beschenkt, denn er wird den wahren, glückhaften Geist in sich tragen, den Gott der Jugend verliehen hat. Jesus gibt uns den Rat, im Leben ein kindliches Herz und Gemüt zu bewahren. Mit andern Worten: Wir dürfen im Geist nie schal, abgehetzt, alt und müde oder superklug und eingebildet werden.

Meine kleine Tochter Elisabeth zählt neun Jahre und weiß, was Glück bedeutet. Als ich sie eines Tages fragte: »Bist du glücklich, Liebling?« sagte sie: »Natürlich bin ich glücklich!«

»Fühlst du dich immer glücklich?« fragte ich weiter.

»Ja, immer.«

»Was macht dich denn so glücklich?«

»Wieso? – Das weiß ich nicht. Ich bin einfach glücklich.«

»Aber irgend etwas muß dich doch glücklich machen«, forschte ich weiter.

»Hm«, sagte sie, »– meine Freundinnen machen mich glücklich. Ich habe sie gern. Auch meine Schule macht mich glücklich. Ich gehe gern zur Schule. Ich habe auch meine Lehrer gern, und ich gehe gern zur Kirche und in die Sonntagsschule. Ich liebe meine Schwester Margareth und meinen Bruder John. Ich liebe dich und Mama, weil ihr gut zu mir schaut, wenn ich krank bin, und weil ihr lieb zu mir seid.«

Das ist Elisabeths Geheimnis des Glücklichseins, und ich glaube, es enthält alles, was wir Erwachsenen auch besitzen: ihre Kameraden (unsere Mitarbeiter und Freunde), ihre Schule (der Platz, wo wir arbeiten), ihre Schwester, ihr Bruder, ihr Vater und ihre Mutter (der Kreis unserer Lieben). Hier haben wir das Glück in einer Nußschale eingefangen.

Eine Gruppe Kinder wurde befragt, was sie am glücklichsten mache. Ihre Antworten waren ergreifend. Von den Buben wurden genannt: ein fliegender Vogel; wenn ich in tiefes, klares Wasser blicke; wenn sich das Wasser am Bug eines Schiffes teilt; ein rasender Schnellzug; ein Kran, der etwas Schweres hebt; die Augen meines Hundes. Von den Mädchen wurden die folgenden Dinge aufgezählt: das Licht der Straßenlampen, das sich im Fluß spiegelt; rote Dächer im Grün der Bäume; Rauch, der aus einem Kamin aufsteigt; roter Samt; der Mond in den Wolken.

In diesen Antworten liegt etwas von den unvergänglichen Schönheiten des Universums, auch wenn es »nur« gefühlsmäßig empfunden ist. Um wahres Glück zu empfinden, bedürfen wir eines reinen Herzens und eines Augenpaares, das Romantik und Schönheit auch im Alltag zu erkennen vermag; kurz: des unverdorbenen Empfindens des Kindes.

Viele von uns schmieden ihr eigenes Unglück. Natürlich ist nicht jedes Unglück unsere eigene Schuld. Es gibt nicht wenige soziale Mißstände, die für viele Sorgen der Menschheit verantwortlich sind. Doch es ist eine unumstößliche Tatsache, daß wir durch unsere Gedanken und Gewohnheiten die Bausteine schaffen, die entweder an unserem Glück oder an unserem Unglück bauen.

Ein bekannter Psychologe erklärt: »Vier von fünf Menschen sind nicht so glücklich, wie sie sein könnten«, und er fügt bei: »Unzufriedenheit ist der meistverbreitete Geisteszustand.«

Ich weiß nicht, ob die menschliche Unzufriedenheit einen so breiten Platz einnimmt, doch ich weiß, daß unzählige Menschen unglücklich sind. Da aber der Mensch von einem fundamentalen und natürlichen Bestreben erfüllt ist, jenen Gemütszustand zu erreichen, den wir als *glücklich* bezeichnen, sollte etwas Ernsthaftes getan werden, diesen Zustand zu erreichen. Glück *ist* erreichbar, und der Weg dazu ist jedem offen.

Im Speisewagen saß ich einmal einem unbekannten Ehepaar gegenüber. Die Frau war sehr gut gekleidet: wertvolle Pelze, kostbarer Schmuck und teure Kleider. Doch sie schien keineswegs zufrieden zu sein. Über alles und jedes beklagte sie sich: über das Rütteln des Wagens, die Zugluft, das Essen, die Bedienung – es gab nichts, was sie nicht zu einer unduldsamen Bemerkung veranlaßt hätte.

Ihr Gatte hingegen machte den Eindruck eines ausgeglichenen, weisen Lebenskünstlers, der das Leben so nahm, wie es kam, und damit fertig wurde. Trotzdem hatte ich den Eindruck, er sei ein wenig enttäuscht über das Gehaben seiner Frau, mit der er sich, wie ich aus dem Gespräch schloß, auf einer Erholungsreise befand.

Wahrscheinlich um das Gespräch in andere Bahnen zu lenken, fragte er mich nach meiner Tätigkeit. Er selbst stellte sich als Rechtsanwalt vor – und dann beging er einen großen Fehler, denn er fügte mit einem ironischen Lächeln bei: »Meine Frau ist in der Produktion beschäftigt.«

Dies erstaunte mich, denn sie war nicht der Typ der berufstätigen Frau, und ich fragte: »Was produziert sie?«

»Unglück«, sagte er, *»sie produziert ihr eigenes Unglück.«*

Trotz der eisigen Stille, die sich an unserem Tisch ausbreitete, verstand ich seine taktlose Bemerkung, denn sie beschreibt treffend das, was viele Menschen tun: sie produzieren ihr eigenes Unglück!

Es ist traurig genug, denn das Leben stellt uns vor so viele Probleme, die unser Glück gefährden, daß wir nicht noch durch unsere Denk- und Handlungsweise neues Unglück produzieren sollten. Wie unsinnig ist es doch, eigenes Unglück zu produzieren, wo wir doch bereits genug mit *den* Dingen zu schaffen haben, die sich unserer Kontrolle entziehen.

Im Gegensatz zu den vielen Menschen, die sich darauf spezialisiert haben, ihr eigenes Unglück zu fabrizieren, wollen wir diesem unseligen Produktionsgeschäft ein Ende setzen! Prägen wir uns immer wieder ein, daß wir durch unglückliche Gedanken das Unglück herbeirufen, so zum Beispiel durch die üble Gewohnheit, unerfreuliche Entwicklungen zu erwarten und zu befürchten, oder auch, indem wir uns einreden, andere Menschen würden stets erhalten, was sie nicht verdienten, während uns vorenthalten bliebe, was wir so sehr verdient hätten.

Unglück wird außerdem produziert durch alle Gefühle des Ressentiments, auch wenn wir sie tief in unser Unterbewußtsein vergraben haben. Auch alle Angst und jede Sorge vor unbestimmten, kommenden Dingen produzieren Unglück. Mit diesen Faktoren werden wir uns noch eingehender befassen. Hier sei lediglich mit allem Nachdruck betont, daß ein großer Teil der Unzufriedenheit und des Unglücks Erwachsener *selbst verschuldet ist, weil es dem eigenen Denken entspringt*. Wie aber gelingt es uns, an die Stelle von Fehlleistung das Gelingen zu setzen?

Ein Zwischenfall auf einer Reise möge dies illustrieren. Nach einer durchfahrenen Nacht befanden sich im Waschraum des Schlafwagens ungefähr ein halbes Dutzend Männer, die sich rasierten. Die Stimmung nach einer nicht besonders bequem verbrachten Nacht, im Gedränge des winzigen Waschraums, war nicht sehr fröhlich. Die Männer waren mürrisch, und es wurde kaum etwas gesprochen. Dann kam ein Mann in den Waschraum, der auf seinem Gesicht ein offenes, fröhliches Lächeln zeigte. Er begrüßte uns alle mit einem freundlichen »guten Morgen«, erhielt aber als Antwort nur mürrisches Grunzen. Als er sich rasierte, summte er – wahrscheinlich ganz unbewußt – eine fröhliche Melodie vor sich hin. Dies schien einigen der Anwesenden auf die Nerven zu gehen, und schließlich brummte einer ärgerlich: »Sie scheinen ja heute morgen besonders gut gelaunt zu sein!«

»Gewiß«, sagte der andere prompt, »es ist wahr: ich bin gut gelaunt, und ich fühle mich sehr wohl dabei.« Und nach einer kleinen Pause fügte er bei: »Ich mache mir eine Gewohnheit daraus, gut gelaunt zu sein.«

Das war alles, was er sagte, aber ich bin überzeugt, daß sich jeder von uns andern über die Worte »Ich mache es mir zur Gewohnheit, gut gelaunt zu sein« seine Gedanken machte.

Diese Feststellung hat Hand und Fuß, denn unser Glück hängt sehr davon ab, welche Gewohnheiten wir uns zu eigen machen. »Der Gebeugte hat lauter böse Tage, der Wohlgemute hat allezeit Fest.« (Sprüche 15,15) Darum bedeutet die Pflege eines »glücklichen Herzens« ein »allezeit Fest«, was nichts anderes heißt, als daß wir uns jeden Tag unseres Lebens erfreuen sollen und können. Aus der Pflege glücklicher Gedanken und Gewohnheiten entsteht auch ein glückhaftes Leben. Glückliche Gewohnheiten entspringen einem befreiten und glücklichen Denken. Machen wir uns eine Erinnerungsliste glückbringender Gedanken, und werfen wir täglich mehrmals einen Blick darauf. Wenn unzufriedene und düstere Gedanken Einlaß begehren, müssen wir sie augenblicklich und mit Entschiedenheit abweisen und – das ist wichtig – durch einen guten, glücklichen und zufriedenen Gedanken *ersetzen*. Jeden Morgen, bevor wir uns erheben, sollten wir uns einen

Augenblick vollkommen entspannen und unser Bewußtsein mit guten, glückbringenden Gedanken erfüllen. Denken wir an gute, glückhafte Erfahrungen, beruhigende und zukunftsgläubige Bilder, stellen wir uns *das* vor, was wir an diesem kommenden Tag erreichen wollen – solche Gedanken helfen mit, die Ereignisse in gute Bahnen zu lenken. Dadurch werden große und kleine Faktoren, die bei der Verwirklichung unserer Ziele – sofern sie gut sind – mithelfen können, angezogen, während andere, widrige und negative Faktoren abgestoßen werden. Denken wir darum nie an die Möglichkeit, die Dinge könnten sich schlecht entwickeln; dadurch werden negative Möglichkeiten herbeigerufen, und als Ergebnis werden wir uns fragen: »Warum habe ich wieder Pech gehabt heute? Was ist eigentlich mit mir los?«

Der Hauptgrund für einen »schlechten Tag« kann in direktem Zusammenhang mit den Gedanken stehen, mit denen wir den Tag begonnen haben. Versuche, schon morgen den folgenden Plan auszuführen: Wenn du erwacht bist, sage dreimal laut: »Dies ist der Tag, den der Herr gemacht hat; laßt uns frohlocken und uns seiner freuen!« (Psalm 118,24) Wende diesen Satz persönlich an und sage: »Ich will mich freuen und fröhlich sein!« Wiederhole den Satz mit klarer Stimme und mit innerer Überzeugung. Wenn du diesen Satz vor dem Frühstück dreimal wiederholst und über seinen tiefen Sinn meditierst, wirst du den Tag dadurch maßgebend beeinflussen.

Beim Ankleiden, Rasieren und beim Waschen sage

dir einige Sätze wie die folgenden: »Ich glaube, daß dies ein glückbringender Tag ist. Ich glaube, daß es mir gelingen wird, alle Probleme, die heute auftauchen werden, erfolgreich zu meistern. Ich fühle mich körperlich und geistig wohl. Ich bin gut gelaunt. Es ist schön zu leben. Ich bin dankbar für alles, was ich habe, und für alles, was ich haben werde. Gott wird mich nicht verlassen. Er ist immer mit mir. Er wird mir helfen. Ich danke Gott für alles, was er mir gab und geben wird.« Ich kannte einst einen Unglücksraben, der jeden Morgen beim Frühstück zu seiner Frau sagte: »Schon wieder einer dieser miserablen Tage.« Er meinte es eigentlich nicht so, doch irgendwie war er abergläubisch. Wahrscheinlich dachte er, wenn er den kommenden Tag als »miserabel« ankündige, werde er gar nicht so übel ausfallen. Doch mit der Zeit entwickelten sich die Dinge wirklich »miserabel«. Und das war nicht verwunderlich! Wenn wir uns *schlechte* Entwicklungen vorstellen, schaffen wir auch die Bedingungen, die sie verwirklichen. Wenn wir zu Beginn des Tages *gute* Entwicklungen ins Auge fassen, werden wir erstaunt sein, wie oft sie sich realisieren.

Die Konzentration auf gute und glückliche Gedanken ist von größter Wichtigkeit, doch sie kann nur Früchte tragen, wenn wir auch während des ganzen Tages unsere *Handlungen* den fundamentalen Grundsätzen eines glücklichen Lebens unterstellen. Liebe und freudige Einsatzbereitschaft gehören zu den größten und wichtigsten Gaben Gottes. Es ist erstaunlich, was Liebe und tiefe Teilnahme erwirken können.

Mein Freund Dr. Samuel Shoemaker schrieb einst eine ergreifende Geschichte über Ralston Young, der bekannt war als »Dienstmann Nummer 42« in der Grand Central Station in New York. Ralston verdient sein Leben mit Koffertragen, doch seine wahre, höhere Aufgabe besteht in der praktischen Anwendung christlichen Geistes. Wenn er jemandem den Koffer trägt, versucht er gleichzeitig, etwas christliche Nächstenliebe mit ihm zu teilen. Er beobachtet die Menschen, um festzustellen, ob er ihnen auf irgendeine Art Mut und Hoffnung machen könne, und er hat sich darin eine große Geschicklichkeit erworben.

Eines Tages erhielt er den Auftrag, eine ältere Dame zum Zug zu bringen. Sie saß in einem Rollstuhl, und er brachte sie zum Bahnsteig. Plötzlich bemerkte er Tränen in ihren Augen. Den Stuhl schiebend, bat er Gott, er möge ihm helfen, die alte Frau etwas aufzuheitern und ihr Mut zu machen. Sie weiterschiebend, sagte er dann mit einem freundlichen Lächeln: »Seien Sie mir nicht böse – aber ich muß sagen: Sie tragen einen außerordentlich hübschen Hut!«

Die alte Frau blickte ihn erstaunt an und sagte wehmütig lächelnd: »Danke schön.«

Ralston fügte bei: »Und auch Ihr Kleid gefällt mir sehr gut.«

Diese Komplimente, so einfach sie auch waren, erregten doch die Aufmerksamkeit der alten Frau, und sie sagte: »Warum sagen Sie mir so nette Dinge? Das ist sehr liebenswürdig von Ihnen!«

»Nun«, sagte Ralston, »mir schien, Sie seien unglücklich, und ich sah Ihre Tränen. So bat ich Gott, er möge mir eine Idee geben, Ihnen eine kleine Freude zu machen. – Fühlen Sie sich nicht wohl?« fragte er dann.

»Nein«, sagte sie, »ich leide unaufhörlich unter Schmerzen. Sie verlassen mich nie, und manchmal fürchte ich, es nicht mehr aushalten zu können. Können Sie sich überhaupt vorstellen, was es heißt, *ständig Schmerzen zu leiden*?«

Ralston hatte eine Antwort. »Ja«, sagte er, »das kann ich. Ich verlor einst ein Auge – und das brennt wie glühendes Eisen, Tag und Nacht.«

»Aber«, sagte sie überrascht, »Sie scheinen trotzdem glücklich zu sein. Wie bringen Sie das fertig?« Ralston hatte die Dame nun an ihren Platz im Zug geführt, als er sagte: »Durch Gebete, nur durch Gebete.«

Etwas ungläubig fragte sie: »Können Gebete, *nur Gebete*, Schmerzen zum Verschwinden bringen?« »Nun«, sagte Ralston, »nicht immer, nein, eigentlich nicht, aber ich kann sagen, daß sie mir immer helfen, darüber hinwegzukommen – jedenfalls tut es dann nicht mehr so weh. Beten Sie auch, Madam, und ich werde auch für Sie beten.«

Ihre Tränen waren versiegt, und sie blickte ihn liebevoll an, nahm seine Hand und sagte: »Sie haben so viel für mich getan.«

Ein Jahr verging, und eines Abends wurde Ralston ins Informationsbüro der Station gerufen. Dort begrüßte ihn eine junge Frau mit den Worten: »Ich bringe Ihnen eine Nachricht von einer Toten. Bevor meine Mutter starb, bat sie mich, Sie aufzusuchen, um Ihnen zu sagen, wie sehr Sie ihr damals geholfen hätten, als sie von Ihnen im Rollstuhl zur Bahn gebracht wurde. Sie wird immer an Sie denken, auch in der Ewigkeit.« Dann brach die junge Frau in Tränen aus und schluchzte in ihr Taschentuch.

Ralston stand ruhig dabei und sagte: »Weinen Sie nicht, Miß, Sie sollten nicht weinen. Danken Sie lieber Gott in einem Gebet.«

Die junge Frau fragte erstaunt: »Warum sollte ich Gott *danken*?«

»Viele Menschen«, sagte Ralston, »werden in viel jüngeren Jahren Waisen als Sie. Sie hatten Ihre Mutter während einer sehr langen Zeit – und Sie haben sie jetzt noch. Sie wird Ihnen immer nahe bleiben – vielleicht ist sie jetzt gerade mit uns, da wir von ihr sprechen.«

Die junge Frau hörte auf zu weinen. Ralstons Verständnis und Teilnahme hatten auf die Tochter dieselbe Wirkung wie auf die Mutter. Inmitten des lärmigen Bahnhofs standen zwei Menschen, denen die Kraft eines Höheren bewußt wurde, die Kraft Gottes, der den prachtvollen »Dienstmann Nummer 42« dazu ausersehen hatte, seine Umgebung mit menschlichem Verstehen und Liebe zu erfüllen.

»Wo Liebe ist, ist Gott«, sagte Tolstoi, und man könnte beifügen: Wo Gott und Liebe sind, da ist auch Glück.

H.C. Mattern, einer meiner Freunde, ist ein außerordentlich glücklicher Mensch. Zusammen mit seiner Frau Mary, die ebenfalls sehr glücklich ist, bereist er beruflich die Staaten. H.C. Mattern verfügt über eine einzigartige Geschäftskarte, auf deren Rückseite seine Lebensphilosophie (und diejenige vieler anderer glücklicher Menschen) in kurzen Worten wiedergegeben ist:

»Der Weg zum Glück: Halte dein Herz frei von Haß und deinen Geist frei von Angst und Sorge. Lebe einfach, erwarte wenig, gib viel. Erfülle dein Leben mit Liebe, verbreite Fröhlichkeit. Vergiß dich selber, denke an andere. Sei so, wie du es von andern wünschest. Versuche das eine Woche, und du wirst überrascht sein.«

Wenn wir diese Worte lesen, könnten wir sagen: »Nichts Neues!« Doch sie enthalten etwas wirklich Neues, wenn wir sie bisher nie praktisch angewandt haben. Wer damit beginnt, wird den neuesten, frischesten und erstaunlichsten Weg zu leben entdecken. Was nützt es, diese Grundsätze ein Leben lang zu *kennen,* sie aber nicht praktisch zu *nutzen?* In diesen einfachen Gedanken liegt der Weg zu einem Leben voller Glück und Zufriedenheit. Wer diese Grundsätze auch nur eine Woche anwendet, ohne zu spüren, daß er einen bedeutsamen Schritt zu einem glücklicheren Dasein getan hat, leidet an einer ernsten Erkrankung des Gemüts.

Wenn wir diesen Leitgedanken Kraft und Wirkung verleihen wollen, ist es nötig, sie mit einer *dynamischen Denkweise* zu erfüllen. Es gibt keine wirkungsvollen geistigen Prinzipien ohne geistige *Kraft.* Wenn wir unsere Denkweise aber von innen heraus entschieden umwandeln, stellt sich der Erfolg positiver Gedanken überraschend leicht ein. Selbst wenn wir neue geistige Grundsätze im Anfang noch unbeholfen und unvollständig anwenden, so wird dadurch in unserem Gemüt doch eine geistige Kraft frei, die sich je nach der Stärke unserer neuen Denkweise zu entfalten beginnt. Wer einmal die beglückende Kraft dieser Erkenntnis entdeckt hat, wird das erhabenste Glücksgefühl seines Daseins erleben, und er wird es bewahren, solange er ein Leben führt, das Gott in den Mittelpunkt aller Dinge stellt.

Auf meinen Reisen habe ich viele wirklich glückliche Menschen angetroffen. Es sind Menschen, die die Leitgedanken, wie sie in diesem Buch dargelegt werden, *praktisch anwenden*. Es ist immer wieder erstaunlich, welche Wandlung sich in Menschen vollzieht, die eine geistige Umstellung zum positiven Denken vorgenommen haben. Ich glaube, daß dies eine der bedeutendsten Erkenntnisse unserer Zeit ist: *die Wiederentdeckung und die praktische Anwendung geistiger Prinzipien*. Menschen, die dieser Entwicklung ablehnend gegenüberstehen und nie die Kraft einer inneren, geistigen Wandlung verspürt haben, werden bald mit Recht als altmodisch und rückständig gelten.

Als ich kürzlich in einer Stadt einen Vortrag beendet hatte, kam ein großer, gutaussehender Mann auf mich zu und schlug mir so kräftig auf die Schulter, daß ich beinahe das Gleichgewicht verloren hätte.

»Doktor«, sagte er, »wie wäre es, wenn Sie sich heute abend unserer fröhlichen Gesellschaft anschließen würden? Wir haben eine Party bei Smith, und wir würden uns sehr freuen, wenn Sie dabei wären. Es gibt einen Riesenbetrieb, und Sie sollten mitkommen!«

Seine überzeugend und begeistert vorgetragene Einladung schien nicht gerade für einen Pfarrer geeignet, und ich war recht unsicher. Ich befürchtete, durch meine Anwesenheit die Stimmung der andern zu stören, und suchte nach Entschuldigungen.

»Nichts da!« sagte mein neuer Freund, »machen Sie sich keine Sorgen. Das ist eine Party, die Ihnen ganz besonders zusagen wird. Sie werden erstaunt sein.«

So ließ ich mich überreden und ging mit. Er führte mich in seinem Wagen zu einem großen, zwischen hohen Bäumen versteckten Haus, und der aus den Fenstern dringende Lärm ließ keinen Zweifel übrig, hier sei eine wirklich »großartige Party« im Gang.

Meine Zweifel stiegen von neuem auf, und ich fragte mich, was ich da zu suchen habe. Mein Gastgeber aber führte mich mit großem Hallo in die Halle und stellte mich einer Gruppe Menschen vor. Es bestand kein Zweifel: Diese Leute schienen froh, glücklich und gut gelaunt zu sein. Ich blickte mich nach einer Bar um – doch es gab keine. Alles, was serviert wurde, war: Kaffee, Fruchtsäfte, Mineralwasser, Brötchen und Eis – das aber in großen Mengen.

»Sind die Leute irgendwo eingekehrt, bevor sie hierherkamen?« fragte ich meinen Gastgeber.

Er war überrascht: »Eingekehrt, wieso?« Und als er mich verstanden hatte: »Aber nein, diese Menschen haben schon den richtigen Geist in sich. Können Sie sich denn nicht vorstellen, *was* diese Leute so glücklich macht? – Hier sind Menschen, die sich geistig umgestellt haben; sie haben Gott gefunden als eine beglükkende Realität des Daseins. Diese Menschen sind erfüllt vom richtigen Geist, doch nicht von demjenigen, den man in einer Flasche findet!«

Nun begriff ich, was er meinte. Hier hatten sich nicht irgendwelche angeheiterten Menschen zusammengefunden, die sich einfach um jeden Preis amüsieren wollten, sondern hier war die wirkliche Elite der Stadt versammelt: Geschäftsleute, Richter, Anwälte, Lehrer und auch eine große Zahl von Leuten in einfacheren Positionen – und sie erlebten einen fröhlichen, beglückenden Abend, indem sie in der natürlichsten Art und Weise, ohne Duckmäusertum, über religiöse Erlebnisse und ihre geistige Kraft sprachen. Sie erzählten sich ihre Erfahrungen in der praktischen Anwendung geistiger Grundsätze.

Alle, die der naiven Ansicht sind, es sei nicht möglich, religiös zu empfinden und zugleich froh und gut gelaunt zu sein, sollten diese Party erlebt haben.

Nach einem Vortrag kam ich sehr spät in mein Hotelzimmer zurück. Ich war müde und wollte mich sogleich zu Bett legen, da ich um 5.30 Uhr wieder verreisen sollte. Als ich mich auskleidete, läutete das Telefon, und eine Frauenstimme sagte: »In meinem Haus warten ungefähr 50 Personen auf Sie!«

Ich versuchte ihr zu erklären, daß ich angesichts meiner frühen Abreise nicht kommen könne.

»Oh«, sagte sie, »zwei unserer Freunde sind aber bereits mit dem Wagen unterwegs, um Sie abzuholen. Wir haben eben für Sie gebetet, und wir möchten, daß Sie noch mit uns beten, bevor Sie die Stadt wieder verlassen.«

Ich habe es nie bereut, der Einladung gefolgt zu sein, obwohl ich in jener Nacht nur wenig Schlaf fand.

Die beiden Männer, die mich abholten, waren einst schwere Alkoholiker, die durch die Kraft des Glaubens und des Vertrauens geheilt worden waren. Beide gehören zu den glücklichsten und fröhlichsten Menschen, die ich kenne.

Das Haus, in das ich geführt wurde, war vollgestopft mit Menschen. Die Leute saßen auf den Treppen, auf den Tischen, auf dem Boden, und einer hatte es sich sogar auf dem Flügel bequem gemacht. Und was ging hier vor? Die Leute hatten eine Gebetszusammenkunft, und ich erfuhr, daß es in der Stadt bereits 60 solche Gruppen gebe, die sich zur Pflege bejahender und religiöser Gedanken regelmäßig versammelten.

Ich hatte noch nie eine solche Zusammenkunft erlebt. Nichts von einer muffigen, frömmlerischen Atmosphäre! Einfach eine Versammlung entspannter, glücklicher Menschen. Der Geist, der dieses Haus beseelte, war von mitreißendem Schwung, und ich fühlte mich sehr beeindruckt. Als die Leute ein Lied anstimmten, war mir, als hätte ich noch nie einen so frohen und lebensbejahenden Gesang gehört. Das Haus war erfüllt von Optimismus, guter Laune und Fröhlichkeit. Eine Frau mit geschienten Beinen sagte zu mir: »Es hieß, ich würde nie mehr gehen können! Wollen Sie sehen, wie ich *gehe?*« Und sie ging im Zimmer auf und ab.

»Was hat Ihnen geholfen?« fragte ich.

»Gott hat mir geholfen«, sagte sie schlicht.

Dann begrüßte mich eine hübsche junge Dame mit den Worten: »Haben Sie je einen Menschen gesehen, der dem Morphium verfallen war? Nun, ich war es – und heute bin ich frei davon und geheilt.«

Und auch sie sagte: »Gott tat es.«

Dann machte ich die Bekanntschaft eines Ehepaares, das sich überworfen und getrennt, sich aber wieder gefunden hatte und nun glücklicher war als je zuvor.

»Wie haben Sie das erreicht?« fragte ich erneut.

Und wieder lautete die Antwort: »Gott hat uns geholfen.«

Ich fühlte, daß dieses Haus von einer geistigen Kraft erfüllt war, wie sie nur durch die Gegenwart Gottes möglich wird. Diese Menschen hatten ihr Leben unter die göttlichen Lebensgesetze gestellt und deren lebendige Kraft erfahren. Gott hat sie mit neuer Lebenskraft und Zuversicht erfüllt.

Hier liegt das Geheimnis wahren Lebensglücks. Alles andere kommt erst in zweiter Linie. Wer diese innere Haltung gewinnt, hat das Beste gewonnen, das wir auf dieser Welt gewinnen können.

Wie man seelische Tiefpunkte überwindet

»*Es gibt Ebenen des geistigen Lebens, an die keine Verzweiflung und Frustrierung herankönnen. Und friedvolles Denken bringt uns zu jener geistigen Ebene, wo uns nichts über Gebühr beunruhigen kann.*«

Um das gesamte Leben dynamisch zu leben, muß man verhindern, sich frustriert zu fühlen. Und dies ist selbstverständlich möglich.

Die Menschen reagieren merkwürdig und gänzlich verschieden auf seelische Tiefpunkte. Eine Frau aus Kalifornien, die verzweifelt war über ihre Unfähigkeit, ihr Haus sauber und ordentlich zu halten, beschloß, sich von dem Haus zu befreien. Sie legte Feuer und verbrannte es bis zu den Grundmauern. Eine etwas sonderbare Weise, seelische Schwierigkeiten zu überwinden.

Ein Mann kehrte nach einer Abwesenheit von fünfundzwanzig Jahren nach Hause zurück. Ein Vierteljahrhundert zuvor war er fortgegangen, weil seine Frau zanksüchtig war und er es nicht mehr ertragen konnte. Nun jedoch erklärte seine Frau, sie sei froh, ihn wieder zu haben, und er fand sie wesentlich ruhiger als vorher. Ein anderer Weg, mit Schwierigkeiten fertig zu werden.

Ein fünfzigjähriger Firmenleiter wurde mit dem Revolver in der Hand tot an seinem Schreibtisch gefunden. Er hatte einen Zettel hinterlassen, auf dem er erklärte, daß Spannung und Verbitterung »ihn verrückt machten« und er das nicht länger aushalten könne. So jagte er sich einfach eine Kugel durch den Kopf. Wieder ein anderer Weg, die Konsequenzen aus seelischen Tiefpunkten zu ziehen.

Eines Abends begegnete ich in einer Hotelhalle einem völlig betrunkenen und lärmenden Mann. Da ich ihn kannte, wußte ich, daß er einen starken Minderwertigkeitskomplex hatte, der ihn für gewöhnlich, wenn er nüchtern war, zu Stille, ja zu Schüchternheit veranlaßte. Alkohol aber bewirkte bei ihm stets ein recht unangenehmes Benehmen.

»Wahrscheinlich fragen Sie sich, warum ich so betrunken bin«, sagte er. »Ganz einfach. Ich bin so verzweifelt, daß mich das ganz wahnsinnig macht. Wenn ich betrunken bin, vergesse ich meine Schwierigkeiten – jedenfalls für eine Weile.«

»Kommen die Schwierigkeiten wieder, wenn Sie nüchtern sind?«

»Gewiß doch, immer. Vielleicht sollte ich ständig betrunken sein.« Auch eine Art, Schwierigkeiten zu begegnen.

Vielleicht zünden wir unsere Häuser nicht an, verlassen unsere Familien nicht, erschießen uns nicht und werden keine Alkoholiker, wenn wir ein seelisches Tief haben, aber in viel subtilerer Weise lassen wir es doch zu, daß Niedergeschlagenheit uns beherrscht und unser Glück und unsere Leistungsfähigkeit beeinträchtigt.

Offensichtlich bildet keine der obenerwähnten Methoden ein geeignetes Heilmittel gegen seelische Schwierigkeiten. Welche anderen Möglichkeiten gibt es aber dann? Eine sehr gute Methode besteht darin, einfach das in jedem Fall Bestmögliche zu tun und sonst gar nichts. Wenn man sich fieberhaft in eine Sache stürzt, seine Arbeit mit gequälter Anspannung tut und nie das Gefühl hat, man bringe etwas wirklich zum guten Ende, dann zieht man das verzehrende und irrationale Gefühl der Frustrierung nur an. Versuchen wir statt dessen, kühle Gefühle einzusetzen, indem wir mit Bedacht handeln und methodisch denken. Sagen wir uns ganz ruhig, daß wir alles tun, was uns möglich ist. Üben wir uns darin, vernünftige und keine aufgeregten oder stürmischen, nervösen Gedanken zu fassen. Das ist natürlich leichter gesagt als getan, aber man kann es, indem man es einfach tut.

Mein guter Freund, der berühmte Psychiater Dr. Smiley Blanton, Co-Autor des Buches »Psychologie und religiöses Erlebnis«, erklärte, ein Ausspruch von Paulus (Epheser 6,13) stelle eine der besten aller Heilmethoden für seelische Schwierigkeiten dar. Er will sagen, halten Sie ein, wenn Sie alles getan haben, was Sie können, tun Sie nichts mehr, lassen Sie die Dinge ruhen. Überlassen Sie dem Schöpfer alles weitere.

Wenn man aufhört, in nervöser und fieberhafter Anstrengung mehr zu tun, als man kann oder muß, und ruhig feststellt, daß diese qualvolle und nervöse Anstrengung ja irgendwie ein Ende haben muß, dann ist man bereits von den zersetzenden Wirkungen der negativen Einstellung, der Frustration, befreit.

In der Veranda eines Ferienhotels traf ich einen New Yorker Geschäftsmann, den ich seit Jahren als hartgesottenen Willensmenschen kannte. Ich hatte mir eigentlich immer vorgestellt, daß er ein überspannter, frustrierter Mensch sei. Hier aber saß er mit den Füßen auf dem Geländer, den Hut über die Augen gezogen. Saß einfach da.

Einigermaßen erstaunt sagte ich: »Das ist für mich wirklich höchst interessant, Sie so vollkommen entspannt zu erleben.«

»Nun ja«, meinte er gedehnt, »ich war auch ein denkbar frustrierter Mann, aber ich habe gelernt, darüber hinwegzukommen. Und es war sogar ganz leicht. Ich habe einfach beschlossen, bei allem alles zu tun, was mir irgend möglich ist, und wenn eben nichts weiter mehr möglich ist, dann lasse ich es.«

Er stimmte also in modernerer Ausdrucksweise mit der von Paulus vertretenen Theorie überein. Nachdem er sich von dem seelischen Druck befreit hatte, konnte er sich auch wirksam entspannen und verfügte über die entsprechenden und gezielten Energien, sobald es notwendig war.

Eine andere Methode, Unbefriedigung zu vermeiden, besteht darin, sich in friedlichem Denken zu üben, mit dem Ziel, daß dies zum Normalzustand werde. Das ist durchaus eine Fähigkeit, die sich erwerben läßt. Die Heilwirkung von friedlichen Gedanken bei seelischen Tiefpunkten wird anschaulich durch das Erlebnis einer Frau, die ihren Arzt übertrieben oft aufsuchte. Jedesmal kam sie dabei auf ihre Schwiegertochter zu sprechen und benutzte gewöhnlich die Wendung: »Sie macht mich wahnsinnig, ich kann sie nicht ertragen.« Diese monoton wiederholte Äußerung des Ärgers über die junge Frau wirkte ähnlich wie eine defekte Grammophonplatte, die immer die gleiche Stelle spielt.

Der Arzt stellte fest, daß sie ein merkwürdiges Symptom entwickelt hatte: Sie bewegte ihren Kopf unentwegt von einer Seite zur anderen. Er hatte den Verdacht, daß die Schwierigkeiten seiner Patientin durch irgendeine tiefere seelische Verkrampfung verursacht waren, in der er scharfsinnig Haßgefühle spürte. Er wies sie also darauf hin, daß sie absolut nichts gegen die Ehe ihres Sohnes unternehmen könne, daß ihre Schwiegertochter nun einmal ihre Schwiegertochter sei und daß sie eben lernen müsse, sie zu akzeptieren und mit ihr auszukommen.

Es ist eine grundlegende Tatsache, die vielen entgeht, daß es Menschen und Dinge in dieser Welt gibt, mit denen man sich einfach abfinden muß, und daß kein noch so großer Widerstand und keine Quertreiberei etwas anderes ausrichten wird, als die eigene Frustration zu verstärken. Deshalb ist es so wichtig, Menschen und Situationen ruhig und gelassen zu akzeptieren und zu lernen, sachlich über sie nachzudenken, damit verkrampfte Gefühle vermieden werden.

Das war auch die Philosophie, die der Arzt jener Frau erläuterte. Er verordnete ihr eine Therapie nicht in Form von Medizin, sondern eher in Form einer geistigen Verhaltensregel. Er versicherte ihr, daß sie durch die »Injektion« von ruhigem Denken in die Tiefen ihres

Gemüts ihre seelischen Tiefpunkte und vielleicht auch das physische Symptom der nervösen Kopfbewegung überwinden könne. Sie solle einfach viele Male täglich die folgenden positiven Worte wiederholen: »Der Schöpfer gibt mir Frieden.« Darüber hinaus solle sie in Zukunft so oft wie möglich jeden Tag freundschaftlich mit ihrer Schwiegertochter sprechen.

Eine Besserung erfolgte nicht sofort, jedoch ließ nach ein paar Tagen des »Einnehmens« dieser »geistigen Medizin« die Kopfbewegung spürbar nach und hörte schließlich völlig auf. Die niedergeschlagene Stimmung nahm langsam ab, und zu gegebener Zeit war die Frau fähig, sich mit ihrer Schwiegertochter abzufinden. Jetzt berichtet mir der Arzt, er glaube, es entwickle sich eine echte, wohlwollende Beziehung zwischen den beiden Frauen. Diese geschickte und wirksame religiös-medizinische Heilung der seelischen Tieflage wurde erreicht durch Annahme und Übung friedvollen Denkens und durch das Ausmerzen der Haßgefühle.

Ein anderer Arzt berichtet von einem jungen Mann, der höchst temperamentvoll zu sagen pflegte: »Das frißt mich auf«, wenn ihn irgend etwas ärgerte, was oft der Fall war. Der Arzt wies ihn darauf hin, daß dieser Ausspruch in der Tat dem inneren Zustand seines Patienten sowohl in gefühlsmäßiger wie physischer Hinsicht entsprach.

Der junge Mann hatte eine ständige Temperatur von ungefähr 38 bis 39 Grad und litt nachts unter kalten Schweißausbrüchen. Zunächst dachte der Arzt, diese

Symptome könnten auf Tuberkulose deuten, nach weiterer Analyse schloß er jedoch, daß sie auf akute Frustrierung zurückzuführen seien. Der Arzt, der nicht allein auf seinem eigenen Gebiet, der *materia medica*, sondern auch in Denktherapie sehr bewandert ist, schlug dem jungen Mann vor, in eine Kirche zu gehen, in der die Therapie der Ruhe einen integralen Teil des Gottesdienstes darstellt.

Als erstes Ergebnis trat beim Patienten ein tiefes Gefühl von Ruhe ein. Als er dann geübter im Praktizieren der Ruhe wurde, erkannte er, daß die wichtigsten Werte seines Lebens in der hektischen, unkontrollierten Intensität der Geschäftigkeit verlorengegangen waren. Die Therapie des geistigen Friedens drang ein in sein Gemüt. Der Arzt berichtete, daß der junge Mann mit der Zeit lernte, geistige Methoden bei seinen alltäglichen Problemen anzuwenden, und daß allmählich seine Temperatur normal wurde und die nächtlichen Schweißausbrüche aufhörten. Die Therapie angewandter Ruhe, die in das Zentrum seiner Frustration eingedrungen war, hatte ihn geheilt.

Wir brauchen Ruhe ebenso, wie wir Nahrung und Wasser, Sonnenschein und erholenden Schlaf brauchen. Und wir können die kräftigende Wirkung von bewußt angewandtem, friedvollem Denken gar nicht hoch genug einschätzen.

Beim Jahreskonvent der Nationalen Gesellschaft der Automobilhändler im städtischen Auditorium von Miami Beach, Florida, sollte ich eine Rede halten. Das

Publikum bestand aus etwa fünftausend Männern, die in einer der bedeutendsten Industrien von Amerika beschäftigt waren. Und da diese Versammlung in eine Zeit fiel, in der diese besondere Industrie beträchtlichen wirtschaftlichen Schwierigkeiten ausgesetzt war, fand sich unter diesen Tausenden nicht wenig Spannung und Frustrierung verbreitet.

An jenem Morgen war ich in meinem Hotel und arbeitete an einem Manuskript, bevor ich mich ins Auditorium begab. Ehrlich gestanden, hatte ich in diesem Moment selbst mit einer Neigung zu Frustrierung zu kämpfen. Ich merkte endlich, daß die steigende Spannung in mir den Fluß schöpferischen Denkens geradezu blockierte. Ich lehnte mich in meinem Sessel zurück und blickte hinaus auf den Strand, wo das Meer weich über den Sand spülte und sich die Palmen sanft im Winde wiegten.

Haben Sie jemals die äußerst gelöste und anmutige Art bemerkt, in der sich eine Palme gegen den Wind lehnt oder in seinem Rhythmus schwingt? Wenn Sie Gelegenheit dazu haben, könnte es sich lohnen, eine Palme auf ihr Geheimnis der Entspannung hin zu studieren. Ihre Fächer bewegen sich mit würdevollem Schwung und rhythmischer Grazie, ohne jeden Anflug von Starrheit.

Ich ging aus dem Zimmer und hinunter zum Strand, der zu jener Stunde und an jenem Ort verlassen war. Ich war allein mit dem Meer und dem Himmel und dem Wind, der Sonne und den Palmen. Ich lehnte mich an einen Baum und betrachtete den Himmel, den Emerson so treffend »das tägliche Brot unserer Seele« genannt hat. Als ich dem dunklen Brausen der See lauschte, kamen Ruhe, Entspannung und Frieden über mich. Welche Heilkraft liegt in Meer, Sand und Winden! Als ich hinausblickte, zuhörte und mit der Natur und dem Schöpfer kommunizierte, verließen mich alle Gefühle seelischer Verkrampfung. Anschließend ging ich ins Auditorium, um meine Rede vor den Automobilhändlern zu halten. Die beiden Redner vor mir sprachen davon, was für ein schwieriges Geschäftsjahr es geben würde. Sie zählten alle Probleme auf, mit denen ihre Zuhörer rechnen müßten, und man spürte, wie sich Düsternis und Niedergeschlagenheit ausbreiteten.

Als ich an die Reihe kam, fühlte ich mich veranlaßt zu fragen, wie viele von ihnen denn in den vier Tagen des Konventes in Miami Beach sich von ihm gelöst und einmal mit dem großen Ozean, der vor ihrer Tür lag und ihre Umgebung dominierte, kommuniziert hätten. Ich erzählte von meinem Erlebnis vorher und zitierte eine Strophe von Masefields Gedicht:

> Ich muß noch einmal hinunter zur See,
> Zu der einsamen See unter dem Himmel.
> Und alles, was ich will, ist ein großes Schiff
> und ein Stern, nach dem ich es steuere.

Ich regte an, daß jeder dieser Männer – und zwar möglichst allein – zum Meer hinuntergehen und eine kurze Zeit in Gesellschaft des Himmels und des weiten Meeres mit dem Schöpfer verbringen sollte. Während ich diese Anregung gab, ging eine seltsame Stille durch den großen Saal. Ich glaube, wir alle fühlten eine tiefe und heilende Kraft. Diese Männer, die so wichtig für die Wirtschaft Amerikas waren, benötigten Kräfte aus einer tieferen Quelle.

Im Flugzeug nach Norden traf ich dann einen Mann, der mir sagte: »Ich war nervös, verzweifelt und niedergeschlagen bei diesem Konvent. Ich habe mir Ihr Erlebnis am Meer angehört, und es leuchtete mir ein. So ging ich nach der Versammlung an einen einsamen Platz am Strand. Ich habe meine Frau nicht mitgenommen. Ich ging am Ufer entlang und beobachtete die Strandläufer am Rande des Wassers, ich hob ein paar Muscheln auf und hörte dem Rauschen des Meeres zu. Ich saß dort eine lange Zeit, sah zu, wie die Dämmerung kam und die langen Schatten sich über das Wasser senkten.«

Er zögerte und fuhr dann etwas verlegen fort, offenbar war er stark bewegt. »Mir fiel diese Geschichte im Neuen Testament ein, wo Jesus mit seinen Jüngern auf dem Meer war und sie sich vor dem Sturm fürchteten und er das Meer beruhigte. Ganz besonders erinnerte ich mich an die Stelle: ›Und der Wind legte sich.‹

Plötzlich war ich ruhig und gefaßt. Es war eine der bewegendsten Erfahrungen meines Lebens. So bin ich nicht entmutigt von diesem Konvent fortgefahren, sondern mit Hoffnung und Optimismus; ich weiß, daß ich ein gutes Jahr haben werde, nicht nur im Verkauf, sondern ebenso in meinem Leben.« Es war ganz deutlich, daß er eine geistige und sogar physische Verjüngung durchgemacht hatte.

Frustrierung ist eine Kombination von Erregung und Anspannung. Das Heilmittel für Erregung ist Kühle, das für die Anspannung ist Frieden. Wenn man eine Erfahrung wie diese tief in sein Inneres aufnimmt, kann man danach mit neuer Kraft und Energie arbeiten. Man wird nicht mehr fiebrig und verkrampft arbeiten, geplagt von frustrierten Gefühlen. Es gibt Ebenen des geistigen Lebens, an die keine Verzweiflung und keine Frustrierung herankönnen. Und friedvolles Denken bringt uns zu jener geistigen Ebene, wo uns nichts über Gebühr beunruhigen kann.

Bei der Bewältigung von seelischen Tiefpunkten hilft es, eine gefühlsmäßige Kontrolle anzustreben und auszuüben. Ich betone das Anstreben, denn man muß zunächst entscheiden, ganz ehrlich entscheiden, ob man eine derartige Kontrolle über seine Gefühle tatsächlich wünscht. Oft sagen die Leute, sie wollen es, aber in Wirklichkeit wollen sie es gar nicht. Sie möchten den »Luxus« nicht aufgeben, ihren Gefühlen freien Lauf zu lassen.

Ich sah mit meiner damals zehnjährigen Tochter Elisabeth einem Baseballspiel im Fernsehen zu. Einer der Spieler stürzte sich in eine hitzige Auseinandersetzung mit dem Schiedsrichter und betrug sich wie ein Wilder. »Auf diese Weise kommt er zu gar nichts«, war mein Kommentar.

»Oh doch«, widersprach Elisabeth, »er kommt ganz bestimmt zu etwas, nämlich raus aus dem Spiel.«

Wenn dieser Spieler sich selbst so hätte sehen können, wie ihn Millionen von Leuten sahen, mit angespanntem Nacken und weit aufgerissenem Mund, hätte er es vielleicht bedauert, ein derartiges Schauspiel geliefert zu haben. Es ist wirklich sehr merkwürdig, daß die Menschen gewillt sind, Niederlagen, Unglück, sogar Krankheiten hinzunehmen, denen nichts als Gereiztheiten zugrunde liegen, nur um der flüchtigen Befriedigung willen, ihre Selbstdisziplin schießen zu lassen. Um also Kontrolle über unsere Gefühle zu erreichen und damit frustrierende Gefühle zu überwinden, muß man diese Kontrolle zuallererst wirklich wollen, und wenn man sie wirklich will, kann man sie auch haben.

Dies wurde mir durch einen Hotelconcierge demonstriert, der eine so beachtliche Unerschütterlichkeit und Selbstdisziplin entwickelte, daß er mich verblüffte. Ich kam früh am Morgen in seinem Hotel an. An der Spitze der Schlange von Leuten, die sich anmelden wollten, stand eine Frau, der er mitteilte, es täte ihm leid, im Augenblick hätte er kein Zimmer für sie, es würde aber bald wieder eins frei.

Darauf wurde die Frau sehr ungehalten und fing an, den Portier so laut zu beschimpfen, daß man es praktisch in der ganzen Halle hören konnte. Dennoch ließ sich dieser unerschütterliche Concierge weder in Miene noch Ton anmerken, daß ihm diese Unterhaltung alles andere als angenehm war. Er blieb im Gegenteil sehr freundlich mit der Frau, setzte ihr die Lage im einzelnen auseinander und war ausgesprochen geduldig und höflich.

Unterdessen wuchs die Schlange an. Zu guter Letzt

trat die Frau, immer noch sehr ärgerlich, mit einer ziemlich groben Abschiedsbemerkung zurück. Als die Reihe an mir war, konnte ich nicht umhin zu sagen: »Ich habe diesen Zwischenfall sehr interessiert beobachtet und bewundere Ihre Disziplin.«

Er lächelte. »Ich glaube an die Prinzipien, die Sie lehren, und ich versuche, sie in die Praxis umzusetzen, denn sie funktionieren wirklich.«

Ich war sicher, daß sich hinter dieser Einstellung des Mannes irgendeine interessante Geschichte verbarg, und suchte ihn später noch einmal auf. Er erzählte mir, daß er früher sehr leicht zu erschüttern gewesen war. Diese Schwäche hatte ihm in verschiedenen Fällen Demütigungen und Niederlagen eingetragen, so daß ihm bewußt wurde, wie wichtig die Kontrolle über die Gefühle für den Erfolg im Leben sei. Er entwickelte dafür einen Plan, der mir höchst bemerkenswert schien. »Ich begriff, daß viel Ärger und Niedergeschlagenheit aus einer unausgeglichenen Spannung herrühren. Also übe ich mich jeden Morgen und jeden Abend im Entspannen. Meine Methode besteht darin, geistig die heilende Berührung des Schöpfers zu spüren, wie sie an meinem Kopf anfängt und nacheinander auf jedem Muskel ruht. In meiner Vorstellung entfernt er tatsächlich jede Spannung aus meinem Gemüt.

Dann bitte ich um automatische Kontrolle meiner Gefühle. Das ist sehr wichtig, denn Ärger kann durchbrechen, wenn man es am wenigsten erwartet. Aber ebenso wie einen Thermostaten an einer Heizung kann man auch eine emotionale Sicherung auf einen bestimmten Grad einstellen und dadurch für eine automatische Kontrolle sorgen; dann ist man seiner selbst sicher, ganz gleich, wie sehr man provoziert wird. Um dies aber durchzuführen, war eifriges Üben geistiger Disziplin notwendig«, schloß er.

Dieser Mann war fähig zu solcher Disziplin, da er wußte, wie sehr er sie brauchte, um in seiner Arbeit Erfolg zu haben. Deshalb wollte er diese Kontrolle in ausreichendem Maße, um ernsthaft an sich zu arbeiten, und so erlangte er sie zum Schluß. Dadurch war es ihm möglich, die flüchtigen Ausbrüche von verkrampften Reaktionen zu meistern. Es überraschte mich daher auch nicht, als ich kürzlich erfuhr, daß er es auf der Stufenleiter der Hotelindustrie inzwischen sehr weit gebracht hat.

Menschen, die im Leben versagen, gehören häufig zu denen, die ihrem Ärger nachgeben, sich zu scharfen Antworten hinreißen lassen, nachtragend sind und ungeduldig. Solche hypersensiblen, undisziplinierten Menschen wandern glücklos von einer Stellung zur anderen, weil sie mit andern Menschen nicht auskommen können. Sie befinden sich stets in irgendeinem persönlichen Zwiespalt oder einer zwischenmenschlichen Schwierigkeit.

Beherrscht man die Kunst, sich gelassen und philosophisch zu verhalten, und hält man seine Reaktionen unter Kontrolle, kann man sich durchaus zu seinem eigenen Vorteil entwickeln. Das ist von vitaler Bedeutung! Zweifellos haben viele Menschen ihre Möglichkeiten verbaut oder ihre Zukunft zerstört, nur weil sie Ärger und Verbitterung, die sich eher aus Frustration denn aus irgendeinem anderen Grund herleiten, nicht zu zügeln wissen.

Ein Mann, der mich wegen eines seelischen Tiefpunkts um Rat anging, sagte: »Ich kann es nicht verstehen. Der Zorn steigt einfach in mir hoch, und bevor ich weiß, wie mir geschieht, bin ich in die Luft gegangen und schlage jede Zurückhaltung in den Wind, tobe mich einfach aus. Zum Glück begreifen aber die Leute, daß ich ein nervöser Typ bin, und sehen darüber hinweg, und alles ist dann wieder in Ordnung.«

Träfe das wirklich zu, hätte er nicht das Bedürfnis gehabt, jemanden zu Rate zu ziehen. Tatsache ist jedoch, daß Menschen so etwas weder verstehen noch für gewöhnlich übersehen, und im Grunde ist gar nichts wieder in Ordnung. Man hat einen solchen Menschen einfach nicht gern, man verweigert ihm die Achtung oder die Rücksichtnahme.

Tiefe Verbitterung ist derart schwierig zu bewältigen, daß, wie schon gesagt, der einzige Weg, diese Veranlagung zu meistern, in dem Vertrauen an die Wachsamkeit des Schöpfers liegt. Gott wandelt Alkoholiker, Diebe, Lügner und Betrüger. Daß sich diese Menschentypen zuweilen wandeln und der gefühlsmäßig Verkrampfte nicht, ist darin begründet, daß letzterer weniger dazu neigt, sein Versagen zuzugeben. Der Schöpfer kann aber Menschen, deren Schwierigkeiten in unkontrollierten Gefühlen bestehen, ebenso helfen, wie er

Menschen mit moralischen Behinderungen hilft.

In dem Zug, den ich gelegentlich für lange Nachtfahrten benutze, gibt es einen Kellner, mit dem ich mich angefreundet habe. Ich werde nie den Abend vergessen, an dem ich ihn zum erstenmal sah. Er bediente mich und einige andere und trug dabei eine ausgesprochen finstere Miene zur Schau.

Als ich meine Rechnung bezahlte, beugte er sich herunter zu mir und fragte: »Kann ich Sie nachher einmal sprechen?«

»Gewiß, gern, kommen Sie nur.«

Nachdem er frei war, kam er und setzte sich zu mir ins Abteil. »Ich weiß nicht, wie lange ich das hier noch weitermachen kann«, sagte er sichtlich verzweifelt.

»Um was handelt es sich denn?«

»Ich bin in einem Zustand, in dem mich absolut jeder reizt«, antwortete er. »Ich behalte meine Selbstdisziplin, aber irgendwann einmal werde ich explodieren und mich selbst dabei ruinieren. Ich möchte wissen, was ich dagegen tun kann.«

»Wo genau liegen Ihre Schwierigkeiten?«

»Ich bin im Speisewagen, und dann kommt einer dieser Kerle an, die immer groß angeben, und ruft: ›Komm her, mein Junge.‹ Ich bitte Sie, bin ich vielleicht ein Junge? Ich bin fünfzig!«

»Vergessen Sie nicht, wir sind alle Jungen, und zwar bis an unser Lebensende. Und es gibt Leute«, fuhr ich fort, in der Hoffnung, sein Problem vom Gefühlsmäßigen ins Geistige zu heben, »die ihre eigenen Minderwertigkeitskomplexe dadurch kompensieren, daß sie auf andere Leute hinuntersehen.«

»Dann ist da noch etwas anderes. Ich bringe jemandem das Essen genau so, wie er es auf dem Bestellzettel aufgeschrieben hat, und er erklärt, das wäre nicht das, was er bestellt hätte, ich solle es wieder zurückbringen. Unseren Anweisungen gemäß muß ich dann sagen: ›Jawohl, mein Herr, es tut mir leid‹, und es zurücknehmen.« Der Kellner wies auf das Tablett, das er mitgebracht hatte.

»Sehen Sie sich das Tablett an, eines Tages werde ich es einem dieser Kerle an den Kopf werfen.« Aber seine Stimme klang wesentlich milder als seine Worte.

»Sprechen wir über den Mann, der Sie ›Junge‹ nennt. Er ist ein Kind. Zu Hause hat er nicht viel zu melden, deshalb hat er wahrscheinlich ein tiefes Gefühl der Unzulänglichkeit und versucht, es mit großartigen Aktionen nach außen zu kompensieren. Bemitleiden Sie ihn. Denken Sie über ihn wie über ein Kind und belassen Sie es dabei. Und dieser Mann, der sich über die Bestellung beklagt, die Sie ihm richtig gebracht haben, dem sollten Sie nicht das Tablett an den Kopf werfen. Ich erzähle Ihnen etwas, womit Sie ihn mit wirklichem Erfolg schlagen können.«

Nun war der Kellner sehr interessiert. So berichtete ich ihm von Frank Laubach und dessen Begabung, Menschen mit Gebeten geradezu zu bombardieren*. »Sie werden es so weit bringen, daß derjenige, den Sie

* Frank C. Laubach, »Die größte Kraft der Welt – das Gebet«. Oesch Verlag, Zürich.

mit Gebeten bombardieren, sich umwenden und Ihnen zulächeln wird«, versicherte ich ihm.

Mein Freund war ehrlich beeindruckt und versprach: »Ich will es versuchen.«

Beim Frühstück am nächsten Morgen beobachtete ich ihn wieder. Er blickte über den Kopf einer Matrone hinweg, die sich gerade beschwerte, als er sie bediente, und blinzelte mir zu. Als er an mir vorbeikam, flüsterte er: »Auf die muß ich aber eine ganze Batterie Gebete abschießen, bevor sie anfängt zu lächeln.«

Und das ist der Beweis für meine These, daß wir versuchen müssen, die Menschen zu verstehen, anstatt uns durch sie irritieren zu lassen. Diese gleiche Matrone hielt mich im Vorraum des Wagens an, bevor ich ausstieg, und bat mich, für sie zu beten. »Ich fahre nach Miami zur Beerdigung von jemandem, den ich sehr geliebt habe«, sagte sie.

Als ich später Gelegenheit hatte, das meinem Kellner zu berichten, sagte er sehr vernünftig: »Wahrscheinlich kennt man nie die Prüfungen und Schwierigkeiten anderer Menschen.« Jedenfalls hatte er einen guten Anfang in seinem Krieg gegen die eigene Reizbarkeit gemacht. Mit Geduld gewinnt man seine Seele, wenn man wie der Hotelangestellte sich selbst beherrscht oder wie dieser Kellner lieber Gebete schickt, anstatt zurückzuschlagen.

Sowohl vom Standpunkt des Erfolgs als auch von dem der Gesundheit aus ist es hochwichtig, seelische Tiefpunkte und Gefühle stets unter Kontrolle zu halten. Dr. John A. Schindler weist darauf hin, daß wir in uns selbst die stärkste aller Gesundheitskräfte besitzen, nämlich die Kraft zu guten Gefühlen. Der »medizinische« Wert guter Gefühle kann gar nicht überschätzt werden. Gute Gefühle machen uns gesund, schlechte machen uns krank.

Dr. Robert C. Peale sagt: »Das größte und wirksamste Heilmittel liegt in unserem eigenen Innern. Leider haben wir bisher noch nicht gelernt, unsere geistigen und gefühlsmäßigen Reaktionen so zu regulieren, um daraus den größtmöglichen Nutzen zu ziehen.«

Das bedeutet, daß die Elemente für eine gesunde Lebensweise in uns selbst liegen. An uns ist es, uns mit ihnen in Harmonie zu halten. Der Schöpfer gibt uns alles, was wir brauchen, es ist jedoch uns überlassen, die Nutzung dieser Gaben zu erlernen.

Neurologen stellen fest, daß viele Fälle nervösen Zusammenbruchs durch seelische Bedrückungen ausgelöst werden. »Die Menschen werden derart bedrückt, daß die Persönlichkeit den Druck nicht mehr aushält und aufgibt.«

Mediziner versichern uns, daß Ärger die rhythmische Bewegung der kleinen Muskelfasern im Magen und in den Därmen stört und auf diese Weise eine Verkrampfung der Eingeweide bewirkt. Ärger kann den Herzschlag bis zu hundertsechzig und den Blutdruck von normal hundertdreißig bis auf über zweihundert hochtreiben. Es gibt viele Fälle von Herzschlag durch Zorn, verursacht durch ein geplatztes Blutgefäß im Gehirn oder durch ein plötzliches Emporschnellen des Blutdrucks. Trägt man einen unterdrückten, kochenden

Zorn in Form irgendeines Grolls mit sich herum, dann kann das eine Störung der Drüsenausscheidungen bewirken mit der dazugehörigen Störung des körperlichen Chemiehaushalts. Deshalb rät uns die Bibel: »Lasset die Sonne nicht über euerm Zorn untergehen.« (Epheser 4,26) Wenn wir die schlechten Gefühle des Zorns, der Furcht und des Hasses aus unserem Gemüt verbannen, sind wir in der Lage, klare Vorstellungen von Gesundheit und Lebenskraft zu entwickeln.

Auch wenn man nicht ausgesprochen krank wird durch seelische Schwierigkeiten, können diese in jedem Fall Energieverluste und Müdigkeit hervorrufen. Ich kenne einen Mann, der in einer Fabrik unter einem Werkmeister arbeitete, der irrtümlicherweise glaubte, der beste Weg, sich Respekt zu verschaffen, sei Befehle im veralteten Kasernenhofton zu brüllen. Er demütigte und ärgerte seine Arbeiter aber auch in anderer Weise. Jeden Tag kam dieser Angestellte so nervös und erschöpft nach Hause, daß er überlegte, ob er nicht um eine leichtere Arbeit oder um eine Versetzung in eine andere Fabrik nachsuchen sollte. Sein Arzt konnte keinen physiologischen Grund für die Erschöpfung entdecken. Dann wurde der bissige Werkmeister durch einen vernünftigen Mann ersetzt, der sich die Mitarbeit seiner Arbeiter zu sichern verstand und sie mit Achtung behandelte. Fast unmittelbar trat bei dem Arbeiter eine völlige Veränderung seines Zustandes ein; er konnte arbeiten, ohne zu ermüden. Ganz offensichtlich war seine Erschöpfung nicht durch die Tagesarbeit bedingt gewesen, sondern durch nagenden Ärger und Frustration, die in den Manieren und der Einstellung seines Vorgesetzten ihre Ursache hatten.

Die Bibel, welche die größte Anzahl jener heilsamen Gedanken enthält, die zu guten Gefühlen verhelfen, ist deshalb eine gute Quelle von Anregungen zur Bewältigung von Tiefpunkten. Üben Sie sich darin, einige ihrer vielen therapeutischen Texte zu memorieren. Eine ausgezeichnete Stelle ist diese: »Fasset eure Seelen mit Geduld« (Lukas 21,19). Geduld ist ein sehr großes Wort, es schließt Reife, Gelassenheit und geistige Gesundheit ein.

In dem Maße, in dem wir uns in Geduld üben, werden wir nicht mehr lediglich mit Gefühlen reagieren, sondern ebenfalls mit unserer Intelligenz; unsere Grundhaltung wird eine geistige sein. Auf diese Weise werden wir zu Menschen mit philosophischer und geduldiger Selbstbeherrschung und nicht so leicht zu erschüttern sein wie andere, die nicht über jene Kunst verfügen.

Ich beobachtete einen Mann, der zu telefonieren versuchte. Mehrmals bekam er das Besetztzeichen. Und was tat dieser Mann, der immerhin Chef einer großen Firma war? Er knallte den Hörer so heftig auf die Gabel, daß er herunterfiel. Es war ein Schauspiel schlichten, unreifen Infantilismus. Das Gesicht des Mannes war hochrot, der Atem kam stoßweise, zweifellos schoß sein Blutdruck in die Höhe. So ein Mensch ist nicht erwachsen. Gefühlsmäßig ist er noch im infantilen Stadium, da aber seine Blutgefäße seinem physischen

Alter entsprechen, entwickeln derartige Gefühlsausbrüche mehr Druck, als sie bewältigen können.

Ein Golfspieler hatte Schwierigkeiten, seinen Ball ins Loch zu bringen. Mit der Launenhaftigkeit, die leblose Dinge manchmal an sich haben, wollte der Ball einfach nicht ins Loch. Natürlich lag die Ursache keineswegs an dem leblosen Objekt. Was tat nun dieser Mann? Er beherrschte sich kühl, bis er schließlich den Ball doch im Ziel hatte. Dann aber, mit einem Blick des Abscheus, holte er den Ball heraus, legte ihn auf den Boden und stieß ihn mit seinem Schläger tief in den Boden hinein. Ich weiß nicht, wieviel Schläge er beim nächsten Loch brauchte, jedenfalls kann ihm die Tatsache, daß er seine Beherrschung verloren hatte, durchaus den notwendigen feinen Sinn für das Spiel genommen haben.

Jimmy Durante schreibt über frustrierende Zornesausbrüche: »Es sind die Verhältnisse, die recht behalten.« Das ist in der Tat eine kluge Beobachtung. Situationen haben einfach die Oberhand, man muß sich mit ihnen abfinden. Wenn man aber philosophisch und klug an sie herangeht, dann wird man die Situationen beherrschen und sich nicht von ihnen beherrschen lassen.

Der menschliche Geist kann die Fähigkeit entwickeln, die Blockierung durch Niedergeschlagenheit zu lösen. Ein Arzt erzählte mir von einer Frau, die gezwungen war, einen Hörapparat zu tragen. Sie haßte ihn und klagte ständig über ein Rauschen in den Ohren. »Ich kann ihn nicht ertragen«, versicherte sie.

»Sie können ihn ertragen«, sagte der Arzt, »wenn Sie etwas Disziplin anwenden. Sie können sich sogar dazu trainieren, dieses Geräusch nicht mehr zu hören. Es gibt eine Eigenschaft des menschlichen Gehirns, die jeglichen Ärger aussperren kann, sobald man beschließt, daß man ihn aussperren will.«

Selbstverständlich ist das nicht ohne weiteres zu erreichen. Es braucht Geduld, Bemühung und Zeit. Nichts, was von Wert ist in diesem Leben, ist einfach. Disziplin und Willen sind notwendig. Wenn man seinen Geist auf Ärgernisse konzentriert, baut man diese eben erst auf. Konzentriert man jedoch den Geist auf die Kraft, die Ärgernisse zu verbannen, dann kann man das auch erreichen. Das Gebet ist die wichtigste Hilfe in diesem Aussperrungsprozeß. Versuchen Sie zu beten, indem Sie aus sich herausgehen, festigen Sie den guten Willen denen gegenüber, die Sie irritieren und behindern, und Sie werden entdecken, daß Sie über eine erstaunliche Macht verfügen, Frustrierung auszuschalten.

Auch das Erlernen einer neuen geistigen Einstellung bei Schwierigkeiten in persönlichen Beziehungen ist hilfreich. Damit meine ich, daß man eine objektive und unpersönliche Einstellung Menschen gegenüber einnehmen und nicht rein gefühlsmäßig reagieren sollte. Tut jemand etwas, das einen verletzt oder irritiert, ist es das vernünftigste, ruhig zu sagen: »Gehen wir der Sache auf den Grund, finden wir heraus, weshalb er das getan hat.« Damit entwickelt man eine Strategie, mit der die Beziehung korrigiert werden kann.

So wandte sich beispielsweise jemand an mich, der

sehr erschüttert war über die Handlung eines Bekannten. Da ich merkte, daß er sich auf einem seelischen Tiefpunkt befand, erklärte ich ihm meine geistige Methode und empfahl sie ihm. Aber er protestierte heftig: »Es ist alles ganz schön und gut, von geistig vernünftigem Verhalten zu reden, aber ich bin es, dem die Beleidigung angetan worden ist. Wie, glauben Sie wohl, hat mich dieser Mann genannt?« fragte er aufgebracht.

»Nun, wie denn?«

»Ich sage es ungern, es ist zu gemein.«

»Keine Hemmungen, erzählen Sie.«

»Er hat mich ein Stinktier genannt!« schrie der Mann. »Und er erzählt allen Leuten, daß ich ein Stinktier sei.«

»Jetzt wollen wir aber die geistig vernünftige Methode wirklich ausprobieren«, sagte ich. »Sind Sie ein Stinktier?«

»Natürlich nicht«, erklärte er gekränkt.

»Schön. Macht Sie die Tatsache, daß er Sie als ein solches bezeichnet, zu einem Stinktier?«

»Natürlich nicht. Ich bin keins, und er weiß es. Was er über mich sagt, macht mich nicht dazu.«

»Na also«, meinte ich, »was er sagt, ist eine Lüge, und dem Sprichwort zufolge haben Lügen kurze Beine. Lassen Sie ihn ruhig weiterreden, es verhält sich ja nicht so, und nach einer Weile werden die Leute schon merken, daß Sie kein Stinktier sind. Vielleicht kommen sie sogar zu dem Schluß, daß er selbst eins ist. Jedenfalls wird die Geschichte für Sie gut ausgehen.«

Ich hatte Gelegenheit zu verfolgen, wie sich dieser

Mann im Laufe der Zeit, wenn auch nicht ohne Schwierigkeiten, durch Training in Objektivität zu kluger Sachlichkeit erhob. Er wurde ruhiger und weniger reizbar. Dann begann er diese objektive Methode bei sich selbst anzuwenden, um herauszufinden, was möglicherweise an ihm selbst liegen könnte, das den andern Menschen veranlaßt hatte, ihn so zu verabscheuen.

Als Ergebnis dieser aufrichtigen und objektiven Analyse erkannte er gewisse nicht sehr anziehende persönliche Eigenschaften an sich selbst und schied sie aus. Er brachte einige Dinge in Ordnung, die er getan hatte und die einer Richtigstellung bedurften. Er entwickelte ein offenes, freundliches Wesen. Sein Vermögen, Kritik und Haß ruhig anzunehmen, ohne zurückzuschlagen, und seine echte Freundlichkeit seinem Feinde gegenüber entfernten schließlich den Stachel aus den Gefühlen des andern, und die Angriffe hörten auf. Nach angemessener Zeit entwickelte sich zwischen den beiden Männern sogar eine erfreuliche Beziehung. Es ist die reine Wahrheit, daß man jegliche Art Frustrierung aus sich herausschaffen, -lieben und -denken kann. Und die Fähigkeit, erfolgreich zu leben, wird hierdurch unermeßlich vergrößert und erweitert.

*

Um seelische Tiefpunkte zu überwinden:

1. Beschließen Sie, daß Sie von ganzem Herzen eine gefühlsmäßige Selbstbeherrschung anstreben wollen.

2. Üben Sie sich in friedlichem Denken. Mit einigem Training wird Ihnen das leichter und natürlicher werden.
3. Statt sich durch Frustration reizen zu lassen, versuchen Sie, andere Menschen und das, was sie zu dem macht, was sie sind, sachlich zu ergründen.
4. Behalten Sie sich täglich eine Zeit der Stille vor.
5. Üben Sie sich täglich im körperlichen und geistigen Entspannen.
6. Bevor Sie zu Bett gehen, vertreiben Sie aus Ihrem Gemüt alle schlechten Gefühle.
7. Wenden Sie sich an Ihren Schöpfer, bitten Sie ihn um Gelassenheit.
8. Tun Sie alles, was Ihnen möglich ist, und überlassen Sie das Ergebnis Ihrem Schöpfer. Dann wird sich alles zum besten wenden.

Was gegen Angstgefühle
zu tun ist

Sie können etwas gegen Ihre Angstgefühle tun. Sie können sie überwinden. Um dieses Ziel zu erreichen, braucht es weiter nichts, als den Glauben zu entwickeln, wie es ein junger Marineoffizier tat.

Er schrieb mir über seinen Sieg im gleichen sachlichen Stil, den er angewendet hätte, um über den Kampf mit einem Feind zu berichten.

»Ich bin Offizier und Befehlshaber auf diesem Schiff. Eine Aufgabe, die gleicherweise Befriedigung wie Verantwortung in reichlichem Maße mit sich bringt. Es ist dies eine Arbeit, wie einem jungen Offizier keine bessere anvertraut werden könnte, und ich bin dankbar dafür.

Meine Schwierigkeiten beruhten auf der Angst vor dem Versagen, auf der Gewohnheit, mir Sorgen zu machen, und auf dem Mangel an Selbstvertrauen. Eine imponierende Entfaltung von Unzulänglichkeiten – ich weiß. Von all den Methoden, die ich versuchte, um diese Schwächen zu überwinden oder doch zu mildern, hat sich nur eine als erfolgreich herausgestellt, nämlich der Glaube.

Meine Dankbarkeit Ihnen gegenüber gründet auf diese Verwirklichung, auf die einfache, alltägliche, und vor allem glaubwürdige Art, in der Sie die Macht des Gottvertrauens schildern. Ich war früher ein Skeptiker, aber Sie ließen weitere Zweifel so unlogisch erscheinen, daß sie zur Unmöglichkeit wurden. Die Kraft, die mir dadurch verliehen wurde, hat mein Leben bereichert und mir ein bisher unbekanntes Lebensglück gebracht.«

Wieviel Zeit und Energie opfern Sie der Angst? Keine? Wann haben sie zum letztenmal Holz berührt oder sind um eine Leiter herumgegangen? Wann fühlten Sie plötzlich Ihr Herz, scheinbar ohne Grund, stärker pochen? War es, als Sie in der Nacht aufwachten, angespannt, mit trockenem Munde? War es vielleicht, als Sie bei einem Kunden anklopften?

Wir gehören zu einer merkwürdigen Generation. Zu diesem Schluß kommen Sie, wenn Sie darüber nachdenken. Wir haben die Erforschung des Weltalls weit entwickelt und unsere Kenntnisse in der Wissenschaft in einem beträchtlichen Ausmaße vorwärtsgetrieben; wir sind die Herren auf so manchen Gebieten.

Trotzdem nennt Albert Camus, der französische Autor, unsere Zeit »das Jahrhundert der Angst«. Es gibt sogar eine moderne Symphonie, die diesen Titel trägt, »Zeitalter der Furcht«. Es will schon etwas heißen, wenn Musik über das Thema »Angst« komponiert wird.

Wir werden nicht nur von den normalen, althergebrachten Ängsten geplagt, sondern jetzt auch noch von der großen Angst vor der Atombombe, die über Ozeane hinweg Verheerungen anrichten kann. Aber selbst wenn sie nie eingesetzt wird, können wir uns doch Sorgen machen über einen finsteren, unsichtbaren Mörder, atomarer Niederschlag genannt, der seine

Schrecken über uns und zukünftige Generationen verbreiten kann. Ein Wissenschaftler sagte kürzlich: »Wir haben eine frei schwebende latente Angst, die durch Atombombe, Raketen und allerlei vernichtende Waffen hervorgerufen wird.«

»Frei schwebende Angst«, welch treffende Art, die Furcht unserer Zeit zu kennzeichnen!

Das ist nicht jene Angst, die den Höhlenmenschen anfiel, wenn er das Knurren des scharfgezähnten Tigers vernahm. Jene Angst brachte den Höhlenmenschen dazu, zu fliehen oder, wenn er erfinderisch veranlagt war, einen Stein an einen Stecken zu binden und selbst dem Tiger das Fell abzuziehen, um sich damit zu bekleiden. Das ist ohne Zweifel der grundlegende und ursprüngliche Zweck der Furcht, uns zur Tat anzutreiben, um unser Leben zu retten. Und diese Art von Furcht ist heute noch ebenso stark wie in früheren Zeiten. Wenn wir unsere Autoreifen nachsehen, weil wir befürchten, daß sie zu stark abgefahren sind, dann ist das eine gesunde Art von Furcht.

Aber nicht diese Art von Furcht ist es, die den meisten von uns Zeit und Anstrengung abfordert. Heutzutage befällt uns viel eher eine unbestimmte, unheimliche Angst, die schwer zu beschreiben ist. Sie ist schwer zu bekämpfen, weil wir gar nicht richtig wissen, wovor wir uns eigentlich fürchten. Oder vielleicht fürchten wir so viele Dinge auf einmal, daß man sich keinen Erfolg davon verspricht, eines dieser Dinge aufzugreifen. Furcht ist für uns nicht immer eine genau bestimmte Drohung, gegen die wir handeln oder irgend etwas

Konkretes tun können, sondern eine Wolke, die über uns hängt und ihren schwarzen Schatten über alles wirft, was wir tun.

Vor einiger Zeit hatte ich in Wichita, Kansas, Vorträge gehalten und mußte nach Cincinnati fliegen. Frau Olive Ann Beech von der Beech Fluggesellschaft war so freundlich, mir ein Flugzeug und einen Piloten für diesen Flug von siebenhundert Meilen leihweise zur Verfügung zu stellen. Als wir über den Mississippi flogen, wurde das vorher sonnige Wetter neblig.

»Wir müssen über das Nebelgebiet hinauskommen«, meinte der Pilot, »Bodenhitze, Staub und Rauch verursachen öfter einen niedrig schwebenden Nebel. Wir werden jetzt noch tausend Fuß höher gehen und darüber hinwegkommen.«

Das Flugzeug gelangte in eine ganz andere Welt, klar und mit weiter Sicht. Das ist es, was wir durch unser Denken erreichen müssen, nämlich unsere Gedanken über das Nebelgebiet unseres eigenen, angsterfüllten Bewußtseins zu erheben. Wir müssen hinaufsteigen über die Wolken von Angst, Kummer und Sorge in eine höhere Region, wo wir klar und vernünftig zu denken vermögen.

Es ist sehr wichtig, etwas gegen die Angst zu tun. Angst ist der Feind Ihres Glücks. Sie greift Ihre Denkfähigkeit an, vermindert Ihre Leistungsfähigkeit und gefährdet Ihre Gesundheit.

Mein eigener Herzspezialist und ein guter Freund,

Dr. Louis T. Bishop, sagt: »Man gibt sich allgemein nicht genügend Rechenschaft darüber, wie viele Symptome von Herzarterienerkrankungen durch Spannungs- und Angstgefühle entstehen. Angstzustände sind eine sehr allgemeine Erscheinung. Aber während einerseits behauptet werden kann, daß ein gewisses Maß an Angst für jedermann zuträglich ist, weil es dazu anspornt, gewisse Handlungen zu vollziehen, kann sie andererseits lähmend wirken und sogar Krankheitsbilder hervorbringen, die nahezu jedes Organ in Mitleidenschaft ziehen können.

Das Herz wiederum reagiert in verschiedener Weise auf Angst. Es kann sich erweitern, der Rhythmus des Herzschlages kann gestört sein, und eine spannungsgeladene oder beängstigende Situation kann ihn unregelmäßig werden lassen. Es ist bekannt, daß diese Angstgefühle Schmerzanfälle der Herzkranzgefäße, genannt Angina pectoris, zu erzeugen vermögen, besonders bei Leuten in den mittleren Lebensjahren. Anspannung kann dabei eine Rolle spielen als ein Faktor, der die Abschnürung der Adern, die das Herz mit Blut versorgen, beschleunigt.«

Dr. Leo Rangell, Professor der Psychiatrie bei der U.C.L.A., sagt laut »Los Angeles Times«: »Bakterien und andere Mikroorganismen haben es leichter, Leute zu infizieren, die sich Kummer machen.«

Seien Sie jedoch deswegen nicht beunruhigt. Sie haben die Möglichkeit, die Angst zu überwinden. Es ist gar nicht nötig, daß Ihnen die Angst überhaupt etwas anhaben kann. Tatsache ist, daß Sie sehr wohl imstande sind, etwas Konstruktives gegen das zu unternehmen, wovor Sie sich fürchten. Die Fähigkeit, dies zu vollbringen, ist einer der größen Erfolge des positiven Denkens.

Positives Denken setzt voraus, daß Sie Ihren Geist in der Gewalt haben; dann haben Sie auch Ihre Gemütsbewegungen, einschließlich Angst und Sorge, unter Kontrolle.

Eines Tages erhielt ich einen Brief von einer Frau aus Philadelphia, deren kleiner Junge von der Angst geplagt war. Er litt an Alpdruck, fürchtete sich vor seinen Spielkameraden, war mager und immer müde. Sie wollte wissen, ob sie mich sprechen könne. Nun, es gibt nichts Traurigeres als einen kleinen Jungen, der voller Angst ist, und ich war gern bereit zu helfen, wenn es irgendwie möglich war.

Als wir uns dann trafen, war gerade ein sehr schöner Frühlingstag, was zu dieser Jahreszeit, nämlich dem 15. Januar, etwas ungewöhnlich war. Als die Mutter eintrat (sie kam ohne den Knaben), machte ich einige angemessene Bemerkungen über die Schönheit des Tages.

»Krankheitswetter«, sagte die Frau. »Es ist nicht gesund, wenn es so warm ist um diese Jahreszeit. Da heißt es aufpassen, daß man sich nicht erkältet!«

Das war aber nur der Anfang. Diese Frau fürchtete sich vor allem. Innerhalb der ersten fünf Minuten unserer Unterhaltung hatte sie es fertiggebracht zu erwähnen, daß sie ihren Sohn nicht hergebracht hatte, weil sie die »dreckige« Luft in der Untergrundbahn fürchtete, daß sie sich vor den »Fremden« fürchtete, die ihr auf der Straße begegneten, und sich nicht getraute, das Empire State Building hinaufzusteigen, aus Angst vor dem Luftdruck auf ihre Ohren. Das war der Ton ihres Gespräches. Nachdem wir uns eine Weile in einer Art von Wortgeplänkel ergangen hatten, brachte ich das Gespräch auf ihren Jungen und machte sie darauf aufmerksam, daß sein Problem bei weitem kein ungewöhnliches sei.

»So viele Kinder haben Ängste«, sagte ich. »Woher glauben Sie, daß das kommen kann?« Aber die Frau wußte es nicht. Vielleicht dachte sie, daß Kinder einfach mit ihren Ängsten auf die Welt kommen.

»Ganz und gar nicht«, sagte ich. »Die meisten Furchtvorstellungen haben sie von den Personen übernommen, die um sie herum sind, ganz besonders natürlich von ihren Eltern.«

»Das läuft darauf hinaus, daß der Junge seine Furchtvorstellungen von mir hat?«

»Ich versichere Ihnen, daß das nichts Beschämendes ist«, sagte ich. »Es liegt in der menschlichen Natur. Wahrscheinlich haben Sie Ihre eigenen Angstgefühle von Ihren Eltern übernommen, diese wieder von ihren Eltern usw. Wichtig ist es, diese Kette zu unterbrechen.«

»Und wie erreiche ich das?«

»Mit positivem Denken. Furcht entspringt einem negativen Gedanken; ein wirksames Mittel, sich ihrer zu entledigen, besteht darin, sich den Geist als Waage vorzustellen. Auf einer Seite liegen alle Ihre negativen Gedanken in der Waagschale, auf der andern Seite die positiven. Eben jetzt ist Ihre Waage ernstlich aus dem Gleichgewicht geraten, Ihre negativen Gedanken wiegen viel schwerer als die positiven – und, was nur selbstverständlich ist, sie werden im Geiste Ihres Sohnes widergespiegelt. Die Lösung liegt darin, Ihre Befürchtungen weniger schwer wiegen zu lassen.

Versuchen Sie die folgende Methode: Sobald Ihnen wieder ein negativer Gedanke kommt, legen Sie einen positiven Gedanken auf die andere Waagschale. Nehmen wir zum Beispiel das Wetter. Es ist ein wunderbarer Tag draußen. Wenn Sie von hier fortgehen, sagen Sie zu sich selbst: Was für ein gesunder Tag ist das heute! Ja, es ist so ungewöhnlich klar, daß es der richtige Tag wäre, um auf das Empire State Building hinaufzusteigen und die Aussicht zu genießen.«

Die Frau lachte, sagte jedoch zweifelnd: »Glauben Sie, daß das wirklich helfen wird?« Ich antwortete: »Es *wird* helfen. Halten Sie sich daran, bis die Waagschalen Ihrer Gefühle auf ganz gleicher Höhe sind; dann aber halten Sie sich noch stärker daran, bis Ihre positiven Gefühle schwerer wiegen als die negativen. Wenn Sie auf diese Weise einige Zeit, sagen wir drei Monate, vorgegangen sind, dann lassen Sie mich bitte wissen, wie es um die Angstgefühle Ihres Sohnes steht.«

Es dauerte länger als drei Monate, eigentlich waren es fast sechs, bis ich wieder etwas von dieser Frau vernahm; aber sie hatte das Experiment durchgeführt. Als sie mir schließlich schrieb, zeigte der Brief den Zustand einer gesunden, glücklichen Angeregtheit. Sie schrieb:

»Sie können sich keine Vorstellung davon machen, welch wunderbaren Einfluß diese einfache Regel auf unser Leben ausgeübt hat. Wir hatten eine Menge Kämpfe gegen unsere negativen Gedanken auszufechten, aber ich glaube, sie sind jetzt unter viel besserer Kontrolle. Mein Sohn ist viel entspannter und fürchtet sich nicht mehr vor seinen Spielkameraden. Er sieht nicht mehr so ängstlich und abgespannt aus. Ich fühle mit Freude, daß es mir schließlich gelungen ist, diese Kette von ererbter Angst zu durchbrechen. Ich hoffe, Ihnen nächstens mitteilen zu können, daß wir sie ganz überwunden haben.«

Die hier angewandte Grundidee besteht darin, auf indirekte Weise an seine Ängste heranzutreten. Statt direkt gegen Sorge und Angst vorzugehen, wenden wir die indirekte Methode des langsamen Absterbenlassens der Ängste an.

Das ist eines der besten Systeme, um Ihre Ängste loszuwerden; sie ist jedenfalls besser, als zu versuchen, sie durch die Kraft des Willens niederzuringen, der ohnedies zu schwach dazu ist. Lassen sie vielmehr den steigenden Wellengang Ihres Glaubens das Werk für Sie tun. Füllen Sie Ihren Geist mit einem so großen Quantum an Glauben und Selbstvertrauen, daß Ihre Angstgefühle keinen Platz mehr darin finden. Bei dieser Methode wird Gottes Macht für Sie tun, was Sie selbst nicht vollbringen können. Ihr Anteil besteht einfach darin, zu glauben, zu vertrauen und sich seiner Macht unterzuordnen. Lassen Sie durch seine fruchtbare Kraft

Ihr Leben über die Angst erheben.

Menschen, welche diesen Grundsatz des positiven Denkens im Kampf mit der Angst angewendet haben, erzielten bemerkenswerte Erfolge. Wie aber können wir unseren Geist soweit bringen? Eine unserer Hilfen nennen wir die der Gegenwart Gottes. Ein Beispiel: Ich erhielt einen Brief von Frau Grace L., aus Oakland, Kalifornien, in dem ausgeführt wurde, wie jemand dieses positive System angewandt hatte, um eine Situation zu meistern, die gewöhnlich zu Angst und Panik führt.

Eine Frau war in einem Lift eingeschlossen, der zwischen den Stockwerken angehalten hatte. Der Geschäftsführer des Gebäudes rief ihr zu und fragte, ob sie allein sei. Sie antwortete: »Nein, nicht allein.« Er versicherte ihr, daß der Lift bald repariert sein werde, und beschwor sie, sich nicht zu ängstigen.

Als schließlich der Lift repariert war und die Tür sich öffnete, war die Dame ganz allein. Der Mann schaute sie verwundert an. »Sie sagten doch, Sie seien nicht allein?«

»Nein«, antwortete sie ruhig. »Ich war nicht allein. Gott war mit mir.«

Wie mancher von denen, die ständig mit Furchtgedanken leben, wäre wohl imstande gewesen, so ruhig zu antworten, wie sie es tat? Es besteht eine tiefe Geborgenheit und Sicherheit darin, es als eine feststehende Tatsache zu betrachten, daß Gott mit uns ist. Vielleicht ist die beste Geborgenheit in dieser Welt in folgenden Worten ausgedrückt: »Ich bin nicht allein.« Wenn Sie das in Ihrem Innersten wissen, verlieren die Angstgefühle jede Macht über Sie.

Das nächste Mal wenn Sie Angst haben, wenn Ihr Herz stärker schlägt oder Sorge sich in Ihren Geist einschleicht, wiederholen Sie jene acht Worte aus Jesaias 41,10: »Fürchte dich nicht, ich bin bei dir.« Sagen Sie diese Worte wieder und wieder zu sich selbst, horchen Sie andächtig auf sie, als wäre Gott wirklich bei Ihnen. Natürlich ist er bei Ihnen, versuchen Sie also seine Gegenwart als eine Wirklichkeit zu fühlen. Wenn Sie es fertigbringen, dies mit Überzeugung zu tun, dann werden alle Ängste Sie verlassen.

In den großen Krisen des Daseins, wenn die Menschen wirklich die Gegenwart Gottes nötig haben, um weiterbestehen zu können, dann werden sie diese erleben. Ich besuchte in Belgien das Breendonk, ein bekanntes Gefängnis, das zwischen Antwerpen und Brüssel liegt und von den Nazis in Beschlag genommen worden war. Die belgische Regierung läßt es jetzt weiterbestehen als eine heilige Stätte des Gedenkens, und die Landesflagge flattert stolz darüber.

Während der Besetzung wurden von den Nazis treue, vaterländisch gesinnte belgische Bürger, die die Kühnheit hatten, sich ihrer Tyrannei zu widersetzen, dorthin gebracht. Sie wurden wie Tiere in scheußlichen Zellen gehalten, wo man durch unbeschreiblich schlechte Behandlung und Torturen ihren Widerstandsgeist brechen wollte. Die Gefangenen hielten jedoch all dem stand. Wenn man durch die düsteren, schmalen Gänge geht, die in demselben Zustand gelassen wurden wie in jenen Tagen, überkommt einen ein schmerzliches Gefühl angesichts einer solchen Erniedrigung des Menschen, gleichzeitig aber auch ein erhebendes Gefühl der Größe.

Ich sagte zu unserm Führer: »Wie konnten diese Leute etwas so Schreckliches aushalten?«

»Ich werde Ihnen die Antwort zeigen«, sagte er und führte uns in eine der dunkelsten Zellen zurück. Dort in einer Ecke war der Umriß des Antlitzes unseres Heilandes grob in den Stein gehauen. Der Führer fuhr fort: »Wenn sie das Dasein kaum mehr ertragen konnten, dann traten diese Männer, einer nach dem andern, hier an und legten ihre Hand auf sein Antlitz. Das war ihre Art, sich daran zu erinnern, daß sie nicht allein waren. Eines Nachts kamen die Nazis in unser Haus und nahmen meinen Vater mit. Wir haben ihn nie wiedergesehen. Wir vernahmen nach dem Kriege, daß er hier gestorben sei; wir wissen es jedoch nicht mit Bestimmtheit. Es wurde uns gesagt, er sei einer von denen gewesen, die zu dieser Zelle hier kamen, um das Antlitz Christi zu berühren. Ich wußte, daß er es getan haben würde, denn er war ein tiefgläubiger Christ. Der Gedanke ist für mich tröstlich, daß unser Herr mit meinem Vater war.«

Welche Antwort auf die Angst! Wir sind nicht allein! Lassen Sie diese großartige Wahrheit auf sich einwirken, bis sie zur positiven Überzeugung wird. *Ich bin nicht allein*. Keine Angst auf Erden ist größer als dieser Gedanke.

Diese Wahrheit führt zu einem anderen Gedanken, nämlich, daß ein wichtiger Faktor zur Bekämpfung der Angst darin besteht, den Kopf nicht zu verlieren und der Panik nicht zu erlauben, Besitz von Ihnen zu ergreifen. Solange Sie fähig sind, ruhig zu denken, können Sie auch vernünftig denken. Wenn Sie aber letzteres können, dann wird schon alles richtig werden. Der Weg, der Gott offensteht, um Sie zu führen, geht durch Ihre Gedanken; aber Gott kann nicht durch Panikgedanken zu Ihnen gelangen; er wird Ihnen jedoch helfen, Ruhe zu bewahren, wenn Sie positiv denken.

In einer Radioansprache über gewisse Betrachtungsweisen des positiven Denkens sagte ich: »Es gibt einen Abschnitt in der Bibel (Lukas 9,1), in dem uns erzählt wird, daß Jesus seine Jünger zu sich rief und ihnen »Macht und Gewalt über alle Teufel gab«. Nun, haben Sie jemals daran gedacht, daß Sie einen Teufel in sich haben könnten? Mit Teufeln meine ich den Teufel des Hasses, den Teufel des Lasters, den Teufel der Unehrlichkeit oder den Teufel der Angst. Wenn die Bibel behauptet, daß die Menschen von Teufeln besessen seien, so ist das gewiß wahr. Und die moderne psychologische Ärztekunst bestätigt es. Ich habe Leute gekannt, welche Teufel in sich bargen. Ja sogar in mir selbst habe ich Teufel gespürt. »Kleinlichkeit, Haß, Furcht, Groll, Mißgunst.« Diese Dinge verdienen diesen Namen, denn es sind Teufel in Anbetracht des Elends, das sie heraufbeschwören. Aber es gibt eine überaus wichtige Tatsache, an die wir uns halten können, nämlich, daß Jesus seinen Jüngern Macht und Autorität über die Teufel gab, so daß sie über eine große Kraft verfügten und fähig waren, sie auszutreiben.

Ein Geschäftsmann in Tennessee schrieb mir von seiner Erfahrung mit dieser Wahrheit: »Lieber Dr. Peale, vor ungefähr drei Jahren war ich erfüllt von Zweifeln und Ängsten. Sie schlichen sich ein, und der Friede schlich hinaus. Monatelang war ich in quälender Niedergeschlagenheit befangen. Ich fühlte mich verlassen und glaubte, es gäbe keinen Gott. Ich betete und tat alle erdenklichen Dinge dagegen.

Eines Tages fühlte ich mich ungeduldig, fast zornig, daß er mich diesen Weg gehen ließ. Ich sagte ihm, daß ich erbost sei, und bat ihn, mir zu verzeihen. Ich sah ein, daß ich ein Opfer des Zweifels und der Furcht war, die wirklich häßliche Teufel sind. Ich gab es zu. Ich rief laut nach Gott und bat ihn um Hilfe.

Dann, als wären sie persönlich anwesend, sprach ich zu diesen Ängsten und Befürchtungen und befahl ihnen im Namen Jesu, mich zu verlassen. Ein Wunder geschah. Als sei Licht angezündet worden, flohen meine Zweifel und Ängste, und meine Seele erfüllte sich mit einem Frieden, der kaum zu beschreiben ist.

Es sind nun fünf Monate her, seit ich die Gewohnheit angenommen habe, früh aufzustehen, um die Bibel zu lesen, darüber nachzudenken und zu beten. Friede hat meine Seele so erfüllt, daß sie voller Freude ist.«

Dieser Mann hat erfahren, daß das Christentum nicht irgendein kleines, nettes Ding ist, ein rein intellektuelles Gedankensystem. Es ist vielmehr eine starke Macht, welche denen gegeben ist, die es sich wirklich zu eigen machen. Es ist die Macht Gottes, der diejenigen erlöst, welche glauben wollen. Wenn Sie wirklich Freiheit verlangen, wird Christus Ihnen Macht und Autorität geben, diesen Teufeln der Angst, des Hasses, der Fleischeslust oder was es auch sei, zuzurufen: »Ich befehle dir, von mir zu gehen!«

Das ist ein mannhaftes Christentum, und seine Segnungen gehören Ihnen, wenn Sie diese stark genug begehren. Aber Sie müsssen einen wirklich starken und echten Glauben entwickeln. Sagen Sie zum Herrn: »Ich bin es müde, mich mit diesen Ängsten abzugeben, ich wünsche Frieden und Erlösung.« Machen Sie keine Bücklinge, und kriechen Sie nicht angesichts des Lebens. Es wird von uns angenommen, daß wir Männer, glaubensstarke Männer sind. Nehmen Sie das Evangelium Jesu Christi in seiner ganzen Tiefe, versetzen Sie es in Ihren Geist, und Sie erlangen Gewalt und Autorität über Ihre Ängste. Stehen sie auf gegen Ihre Furcht, und im Namen Gottes und seines Sohnes befehlen Sie ihr, Sie zu verlassen. Dann glauben Sie, daß sie fort ist. Wiederholen Sie diesen Vorgang, bis ein tiefes Gefühl des Sieges Sie erfüllt.

Eine Tatsache dürfen Sie nicht aus den Augen verlieren, nämlich, daß ein Furchtgedanke Ihren Geist überrumpeln und ihn erfassen kann, wenn Sie am wenigsten darauf gefaßt sind, und so den größten Schaden anrichtet. In solchen Perioden ist es besonders wichtig, nicht einen Frontalangriff gegen die Angst zu unternehmen, sondern die Methode des Ersetzens der negativen Gedanken durch positive anzuwenden mit dem Ziel, die Angst auszuscheiden. Wenn Sie beharrlich Ihren Geist mit gläubigen Gedanken erfüllen, werden diejenigen der Furcht in absehbarer Zeit ganz bestimmt weichen. Natürlich kann ein Wechsel der Persönlichkeit von solchem Ausmaße nicht ohne Anstrengung erlangt werden, aber daß er erreicht werden kann, darüber besteht nicht der geringste Zweifel.

Eine Frau schrieb mir aus der Schweiz in französischer Sprache über die bemerkenswerten Ergebnisse eines solchen Gedankenwandels:

»Lieber Freund! Erlauben Sie mir, daß ich Sie so nenne. Sie kennen mich nicht, aber ich kenne Sie gut, nachdem ich Ihr Buch gelesen habe. Ich bin die Tochter eines französischen Pfarrers. Ich bin von wirklich christlichen Eltern erzogen worden, aber da ich zwei Kriege erlebt habe, lebte ich in einer schrecklichen Angst vor der Zukunft. Was würde ich tun, wenn ich je meinen Mann verlöre? Wie könnte ich mit meinen drei Knaben durchkommen mit so wenig Geld? Und so weiter.

Dann erkrankte ich schwer an einem Ekzem, was eine wahre Folter war. Der Arzt konnte den Ursprung des Ekzems nicht herausfinden. Aber ich fand ihn, als ich Ihr Buch las. Die Angst hatte mein Blut förmlich vergiftet! So wie es mich innerlich quälte, so plagte es mich äußerlich, und ich versichere Ihnen, daß es eine Tortur war.

Als ich Ihr Buch gelesen hatte, befolgte ich Ihre Anweisung. Ich begann die Psalmen zu lesen. Ich schrieb die Verse auf, die mir besonders gefielen. Ich befolgte Ihren Rat, meinen Geist von diesen Worten durchdringen zu lassen. Schließlich kam ich auf den letzten Vers des vierten Psalms: ›Ich werde mich in Frieden hinlegen und schlafen, denn Du allein, mein Herr, läßt mich wohnen in Sicherheit.‹ (Psalm 4,8)

Sicherheit, das war es, was ich brauchte. Ich kann sie in Gott finden. Ich habe sie in Gott gefunden.

Und was das Geld betrifft, fand ich diese Worte bei Hiob, welche mich von meinen Geldsorgen befreiten. ›Dann sollst du Geld als Staub zusammenhäufen. Ich, der Allmächtige, soll dein Schutz sein.‹ (Hiob 22,24-25)

Jetzt endlich, mit über fünfzig Jahren, habe ich es verstanden, daß die geistigen Reserven in mir unendlich sind und ich sie jederzeit anrufen kann.«

Diese Frau hatte buchstäblich ihre Furcht hinausgetrieben, weil sie Glauben hereingetrieben hatte, Glauben in der Gestalt von großen geistigen Wahrheiten, die tief in ihre Seele eingegraben wurden.

Harold Medina war, wie erinnerlich, der berühmte Richter, der den langen Prozeß gegen elf führende Kommunisten führte, die angeklagt waren, durch Verschwörung die Regierung der Vereinigten Staaten gewalttätig stürzen zu wollen. Dieser Prozeß war ein sehr schwieriges Unterfangen. Die Wellen der Leidenschaft schlugen hoch. Und ein großer Teil der Leidenschaften und Wutausbrüche war gegen den Richter persönlich gerichtet.

Er bemerkte bald, daß das nicht bloßer Zufall war.

Etwas Ungewöhnliches versteckte sich dahinter. Man gewann den Eindruck, daß die Verteidiger mehr daran interessiert seien, den Prozeß abbrechen zu lassen, als einen Freispruch zu erlangen. Sie zielten auf eine Unzuständigkeitserklärung oder auf einen ungültigen Rechtsspruch hin. Sie konnten diesen Zweck auf zwei Arten erreichen: entweder damit, eine große Verwirrung zu stiften, oder den Richter Medina auf eine so harte Belastungsprobe zu stellen, daß er zusammenbrechen würde. Die Verteidigung führte gleichzeitig beide Pläne durch. Durch den ganzen Prozeß hindurch kostete es die größte Mühe, Ordnung zu halten. Die Zeugen waren unverschämt, die Anwälte verschlagen. Aber der Angriff, der am nächsten daran war, den ganzen Prozeß auffliegen zu lassen, war gegen den Richter Medina selbst gerichtet. Auf irgendeine Weise hatten die Verteidiger in Erfahrung gebracht, daß der Richter an Schwindelgefühlen in der Höhe litt.

Als Harold Medina ein kleiner Knabe war, nahm ihn sein Vater mit zu den Niagara-Fällen. Harold sah die Massen der Leute sich gegen das Gitter drücken und auf die Fälle hinunterschauen. Er aber konnte sich nicht dem Gitter nähern, weil er sich fürchtete hinunterzufallen. Hin und wieder in seiner Kindheit wurde Medina dieser Angst gegenübergestellt und entging ihr, indem er ihr einfach auswich.

Aber jetzt konnte er ihr plötzlich nicht mehr ausweichen. Richter Medinas Zimmer war im zweiundzwanzigsten Stockwerk des Wolkenkratzers, der das Bundesgericht in New York beherbergt und den Foley Square überragt. Eines Tages gewahrte der Richter eine Volksmenge, die von der Straße unten zu ihm heraufrief: »Medina wird fallen, wie Forrestal gefallen ist.« Das geschah kaum ein paar Tage nachdem der Staatssekretär der Verteidigung, James Forrestal, sich aus einem Fenster der Klinik hinausgestürzt hatte. War es nur Einbildung? fragte sich Medina. Betonten diese Leute wirklich das Wort »fallen«? Jedenfalls trat er vom Fenster zurück.

Stück für Stück erfuhr Medina die Absicht dieser Kampagne. Das Wort »fallen« begann um ihn herum unterstrichen zu werden. Es war in Briefen und Zeitungsartikeln unterstrichen, er hörte, wie es in Gesprächen betont wurde. Er versuchte durchzuhalten, aber die Belastung begann auf ihn einzuwirken. Eines Abends schickte er sich an, zu Bett zu gehen, als seine Frau das Fenster öffnete, um frische Luft hereinzulassen. Es war eine stickige Nacht, aber Richter Medina sagte: »Bitte schließe das Fenster, Ethel.«

Seine Frau schaute ihn verwundert an. Er hatte ihr nie von seiner Angst vor dem Hinunterfallen erzählt, die ihn als Kind gequält hatte. »Ich mache keine Witze«, sagte er. Und dann erzählte er ihr von den Zeichen, den Sprechchören, dem Geflüster und den Unterstreichungen. Frau Medina war im Bilde. Dann schliefen sie, während das Fenster nur einen schmalen Spalt geöffnet war. »Nun stellte sich das Problem«, sagte Richter Medina, als er später über die Geschichte sprach, »was ist zu tun, wenn man seinen Ängsten nicht ausweichen kann? Als ich noch ein Kind war, schien die Lösung einfach; ich hielt mich von den Dingen, die mir Furcht einflößten, fern. Jetzt aber konnte ich das nicht mehr tun. Was nun? Wie tritt ein Mann einer Angst entgegen, der er nicht ausweichen kann? Ich gebe Ihnen die Antwort: durch das Gebet.

Ich meine damit nicht ein Gebet, das direkt auf meine Angst vor dem Fallen gerichtet war. Ich sagte nicht plötzlich: ›Nun Herr, ist es an dir, meine Angst von mir zu nehmen.‹ Ich meine ein ganzes Gebetsprogramm, in welchem ich um Kraft und Führung in *allen* Angelegenheiten bat. Es waren Gebete, die ich mir zusammengestellt hatte, seit ich ein Knabe war, als meine Mutter vor dem Schlafengehen mit mir niederkniete und aus ihrem Gebetbuch vorlas. Ich lernte nicht nur eine sonntägliche Art von Gebet, sondern ein Gebet für alle Tage, ja manchmal ein stündliches Gebet. Ich betete immer wieder im Laufe des Tages, jedesmal, wenn ich dankbar war oder unter Druck stand.

Das Gebet allein hielt mich aufrecht während der sechs oder sieben Monate, die der Prozeß dauerte. Es handelte sich weder um Eingebung noch um eine plötzliche Erscheinung, sondern um die allmähliche Erneuerung der Kraft. Damit war die feste Überzeugung verbunden, daß ich imstande sei, allem standhaft zu begegnen, was vor mir lag – frei von meiner alten Angst.«

Erkennen Sie, was Richter Medina tat? Er versuchte nicht, diese eine Furcht zu bekämpfen, er gab sich keine verzweifelte Mühe, seine Angstvorstellung loszuwerden. Er schwemmte die Angst mit einem regelrechten Gebetsprogramm hinweg, das auf die gleiche Weise wirkte, wie es die steigende Flut tut, wenn sie ein Schiff aus dem Schlamm des Yersey befreit. Er füllte seinen Geist so vollständig mit Gedanken des Glaubens, daß einfach kein Raum für solche der Furcht mehr da war.

Richter Medina erzählte diese Geschichte in unserer Zeitschrift »Guideposts«. Sie zeigt, wie ein Mann Gebete gebrauchen kann, um seine Ängste auszuschalten, selbst wenn es sich um tief eingewurzelte Vorstellungen handelt. Das ist jedoch nicht die einzige Art zu beten. Es gibt auch ein Fürsprachegebet, wenn viele Menschen für ein bestimmtes Ziel beten.

Einer der Herausgeber der »Guideposts« heißt John Sherril. Im September 1957 machte John eine Erfahrung, die ihn davon überzeugte, daß auch die Gebete anderer Leute Angst vertreiben können. Bis zum Morgen des 20. Septembers des genannten Jahres hatte John ein ganz normales Leben geführt. Er war verheiratet, er und seine Frau (und die Bank) besaßen ein Haus in einem Vorort New Yorks, sie hatten Kinder und einen vier Jahre alten Ford. Ihr Leben war glücklich und schöpferisch. Dann erhielt John an jenem Morgen einen Telefonanruf seines Arztes. Der Arzt wollte ihn sofort sprechen. Einige Tage vorher hatte man ihm eine kleine Geschwulst am rechten Ohr entfernt. Und nun gab man ihm die schreckliche Tatsache bekannt, daß diese Geschwulst im höchsten Grade bösartiger Natur sei. Ohne Operation, sagte der Arzt, würde seine Chance, bis Ende des Jahres zu leben, eins zu zehn stehen. Mit einer Operation würde sie auf eins zu drei steigen. Weitere Untersuchungen durch Spezialisten bestätigten die Diagnose. Jeder der Ärzte war für eine sofortige Operation.

Einige Tage nach dieser Operation erhielt ich einen Brief Johns, den ich Sie teilweise lesen lassen möchte.

»Angst ist eine verheerende Gefühlsregung, Dr. Peale; sie verfolgt uns Tag und Nacht. Ich erwachte mitten in der Nacht und wußte, daß ich gräßliche Angst hatte. Auf die Fragen meiner Kinder antwortete ich mechanisch – meine Gedanken waren anderswo. Ich brachte viele Stunden damit zu, mit Tibby, meiner Frau, Versicherung, Testament und Finanzen durchzusehen. Wenn ich versuchte, meinen Geist zu zwingen, sich mit positiveren Angelegenheiten zu beschäftigen, konnte ich es nicht. Ich lebte in der Angst. Und dann, Dr. Peale, geschah etwas Merkwürdiges. Als unsere Freunde von meinem Krebs erfuhren, hatten sie das Bedürfnis, mir zu helfen, und ihre sofortige Reaktion war zu beten. Das erste Gebet, von dem wir erfuhren, war dasjenige, das sie letzten Sonntag von der Kanzel aus für uns sprachen. Nachher brandeten Gebete um uns auf wie eine Flut.

Es wurde in den ›Guideposts‹ gebetet, sowohl im Büro von New York wie in dem von Carmel. Wußten Sie, Dr. Peale, daß Ihre Freundin Tessie Durlac in ihrer Synagoge zum Gebete für mich aufrief und daß sie auch andere Menschen und Organisationen telefonisch um ihre Unterstützung im Gebet bat?

Das Gebet lag in der Luft, die wir atmeten. Wir waren davon umgeben, gleichsam darin eingetaucht. Zu

Beginn der folgenden Woche wurde ich ins Spital eingeliefert. Zu meinem Erstaunen herrschte hier ebenfalls eine Gebetsstimmung. Kaum hatte ich mein Bett im Zimmer Nr. 609 belegt, als ich einen sonderbaren und gespenstischen Ton, fast einen Schrei vernahm, der durch den Gang hinunter tönte. Im angrenzenden Raum war ein orthodoxer Jude dabei, Rosh Hashana, das jüdische neue Jahr, zu feiern. Die Krankenschwester berichtete mir, daß ich eben das Bockshorn gehört habe, das seit Jahrhunderten dazu benutzt wird, um zum Gebet aufzurufen.

Während dieser Tage im Spital betete ich ebenfalls. Aber es war sonderbar mit meinen eigenen Gebeten: Sie waren nicht für mich bestimmt, sondern für andere. Ich muß betonen, Dr. Peale, daß ich mich bemühe, nichts als Tatsachen zu berichten. Ich bete für andere, nicht aus einem bewußten Geist der Selbstlosigkeit heraus, sondern weil ich das echte Gefühl hatte, daß ich es nicht nötig hätte, für mich selbst zu beten. Auch befremdete es mich, bis sich mir der Grund offenbarte. Plötzlich, in der Nacht vor der Operation, erkannte ich, daß ich frei von Angst war!

War es das handgreifliche Resultat all dieser Gebete? Ich glaube es. In der Nacht vor der Operation fühlte ich einen solchen Strom der Gesundheit, daß ich es kaum glauben konnte, in einem Spital zu sein. Am nächsten Morgen weckte mich eine Krankenschwester und gab mir eine Spritze.

›Das wird Sie zum Schlafen bringen‹, sagte sie.

Ich lachte: ›Sie wecken mich, um mir etwas zum Schlafen zu geben?‹

Sie kamen und rollten mich in den Operationssaal. Es kam mir so vor, als stünde ich, wie auch die weiß maskierten Schwestern und Ärzte, im Mittelpunkt einer Kraft, welche die Angst vertreibt. Ich kann es so beschreiben, daß ich das Gefühl hatte, ich würde tief und ganz persönlich geliebt. Und das muß gewiß eine hervorragende Vorbedingung für eine Heilung sein.

Die Operation war vorüber. Dann kam eine Woche des qualvollen, zermürbenden Wartens. Schließlich brachte mir der Arzt seinen Bericht. Er verkündete mir nicht gleich das Resultat der Operation. Er leuchtete in meine Augen, befühlte und beklopfte mich, und dann sagte er in sachlichem Ton: ›Der Befund ist der bestmögliche, den ich überhaupt für Sie haben könnte. Es bestehen überhaupt keine Anzeichen für etwa verbliebene Krebszellen.‹

Soll das bedeuten, daß eine Heilung stattgefunden hat? Ich bin nicht Arzt und behaupte nicht, etwas von Krebs zu verstehen. Ist er vollständig entfernt worden? Wird er nicht wiederkommen? Niemand weiß es wirklich. Aber ich weiß etwas von einer anderen Heilung, die vielleicht wichtiger ist.

Mit absoluter Gewißheit kann ich sagen, daß ich die Macht des Gebetes zur Heilung des verheerendsten Übels, nämlich der Angst, erfahren habe.«

John Sherrils Angst war also geheilt. Und selbstverständlich bedeutet dieses Experiment, daß auch Sie geheilt werden können – ganz gleich, worunter Sie leiden mögen, wenn Sie dem Gebet gestatten, für Sie das Tor zu der erhabenen Welt des Glaubens zu öffnen. Gott selbst hat uns versprochen, daß unsere Furcht überwunden werden kann. »Denn der Herr, dein Gott, wird deine rechte Hand halten und zu dir sagen: ›Fürchte dich nicht, ich werde dir helfen.‹« (Jesaja 41,13)

Fassen wir kurz zusammen, was gegen die Ursachen Ihrer Angst zu tun ist.

1. Erkennen Sie, was Sie ängstigt. Halten Sie es fest. Isolieren Sie es. Grenzen Sie es ab und betrachten Sie es als das, was es wirklich ist. Seien Sie sich ganz klar darüber, womit Sie es zu tun haben.

2. Denken Sie über die Gründe nach, die dazu führen, daß Sie vor diesem oder jenem Angst haben. Wenn Sie nicht absolut sicher sind, daß Sie den Grund oder die Gründe erkennen, dann ist es besser, Sie suchen Rat bei jemand, der in solchen Dingen erfahren ist.

3. Ziehen Sie die Angst ans Tageslicht. Entreißen Sie ihr den Schleier des Geheimnisses. Bringen Sie sie dorthin, wo Sie sie wirklich angreifen können. Sie werden manchmal darüber erstaunt sein, wie geringfügig das war, wovor Sie sich so lange fürchteten.

4. Erfüllen Sie Ihren Geist mit Gedanken des Vertrauens, denn die Angst kann sich nicht in Ihrer Vorstellungswelt aufhalten, wenn sie voller Vertrauen ist. Bedenken Sie immer, daß Glaube viel stärker ist als

Furcht. Je weniger Angst Sie haben, um so mehr Glauben gewinnen Sie. Das klingt zwar einfach, aber diese Umbildung bedarf einer harten Disziplin.

5. Tun Sie Ihr Bestes. Mehr können Sie nicht tun. Dann üben Sie die Fähigkeit, die Resultate ruhig Gott zu überlassen, bis diese Fähigkeit vollkommen entwickelt ist.

6. Erheben Sie sich gegen die Furcht und fordern Sie sie zum Angriff heraus. Gewöhnlich wird nichts Schlimmes dabei herauskommen, denn tatsächlich sind die meisten Befürchtungen nur Bluff oder Einbildung.

7. Für die echten Befürchtungen, die auf einem wirklichen Grund beruhen, besitzen Sie das nötige Rüstzeug, um ihnen zu Leibe zu rücken. Gott wird Ihnen helfen, die nötige geistige Kraft zu erzeugen. Beten Sie.

8. Bejahen Sie entschieden, daß Sie durch die Gnade Gottes jeder furchteinflößenden Situation gewachsen sind.

9. Halten Sie den Gedanken und die Tatsache »Ich bin nicht allein« über alles hoch. Gott ist mein Freund – mein Halt. Er ist immer bei mir.

10. Schließlich, wenn Sie weitere Hilfe brauchen, dann schreiben Sie an den Oesch Verlag, Klausstraße 10, CH-8008 Zürich. Sie erhalten dann nützliche Ratschläge in deutscher Sprache.

Glaube – und werde gesund!

Kann der religiöse Glaube bei der Heilung von Krankheiten mithelfen? Ja, viele Erfahrungen sprechen dafür.

Der Glaube ist ein machtvoller Faktor bei der Überwindung von Krankheiten und bei der Wiederherstellung der Gesundheit. Diese Überzeugung wird durch die Ansichten und Erfahrungen vieler Ärzte unterstützt.

Der berühmte Wiener Chirurg Dr. Hans Finsterer, der vom Internationalen Chirurgischen Kollegium die höchste Auszeichnung erhielt, glaubte, daß »die unsichtbare Hand Gottes« mithilft, eine Operation erfolgreich zu gestalten.

Dieser Professor der Universität Wien hat in seinem Leben über 20000 große Operationen, darunter 8000 schwierige Magenoperationen, ausgeführt und dabei lediglich Lokalanästhesie angewandt. Finsterer sagte, daß trotz der gewaltigen Fortschritte auf den Gebieten der Medizin und der Chirurgie der glückliche Ausgang einer Operation bei weitem noch nicht gesichert ist. In vielen Fällen, die vom Chirurgen als »einfach« bezeichnet werden, stirbt der Patient, während anderseits gefährliche und fast aussichtslose Operationen erfolgreich ausgehen.

»Viele meiner Kollegen«, so sagte Dr. Finsterer,

»sind der Ansicht, es handle sich hier um nicht voraussehbare Zufälle, während andere der Meinung sind, in diesen schwierigen Fällen sei ihre Arbeit durch die unsichtbare Hand Gottes geleitet worden. Leider haben in den letzten Jahren viele Patienten und Ärzte die Überzeugung verloren, daß alle Dinge in Gottes Hand liegen. Wenn wir wieder von der hohen Bedeutung der göttlichen Hilfe bei all unserem Tun überzeugt sind, speziell bei der Behandlung von Krankheiten, dann erst werden wir wahre Fortschritte bei der Wiedergewinnung der Gesundheit erringen.«

Das war die Ansicht eines großen Chirurgen, der seine Wissenschaft mit dem Glauben verband.

Ich sprach einst auf einer gut besuchten Tagung einer bedeutenden Industrievereinigung und war überrascht, als mich einer der führenden Männer nach einer langen Diskussion über Steuern und geschäftliche Probleme ganz unvermittelt fragte: »Glauben Sie an die Heilkraft des Glaubens?«

Ich sagte: »Es gibt eine große Anzahl verbürgter Beispiele von Heilungen, die durch den Glauben erzielt worden sind. Ich bin allerdings der Meinung, wir sollten eine Heilung nicht ausschließlich unserem Glauben überlassen, und ich glaube an die Zusammenarbeit Gottes mit der Wissenschaft. Meiner Meinung nach sind sowohl die medizinische Wissenschaft wie auch die Wissenschaft des Glaubens entscheidende Faktoren im Heilungsprozeß.« – »Ich möchte Ihnen eine Geschichte erzählen«, sagte er. »Vor einigen Jahren litt ich an einer

Krankheit, die als eine Knochenerweichung im Kiefer diagnostiziert wurde. Die Ärzte sagten mir, sie sei praktisch unheilbar. Sie können sich vielleicht vorstellen, wie mir zumute war. Voller Verzweiflung suchte ich nach irgendeiner Hilfe. Obschon ich die Kirche regelmäßig besuchte, war ich kein besonders gläubiger Mensch. Die Bibel kannte ich praktisch nur vom Hörensagen. – Eines Tages überkam mich plötzlich der Wunsch, in der Bibel zu lesen.

Ich begann zu lesen, und eigenartigerweise beruhigte sich mein Gemüt. Meine Mutlosigkeit schwand, und ich faßte wieder etwas Hoffnung. Mehrere Tage setzte ich die Lektüre fort, und ich fühlte, wie sich irgend etwas in mir änderte. Meine Befürchtungen und Ängste bekamen ein anderes Gesicht, und zuerst dachte ich, ich würde mir dies nur einbilden. Bald aber gewann ich die Überzeugung, daß dem tatsächlich so war.

Eines Tages, als ich wieder in der Bibel las, überkam mich ein eigenartiges Gefühl der inneren Wärme und Glückseligkeit. Ich hatte es schon längst aufgegeben, für diese Empfindung eine Erklärung zu suchen, doch von diesem Zeitpunkt an machte ich rapide Fortschritte. Ich begab mich wiederum in die Behandlung der Ärzte, die mich früher betreut hatten. Eine sorgfältige Untersuchung ergab eine offensichtliche Besserung meiner Krankheit. Man warnte mich jedoch vor großen Hoffnungen, da es sich lediglich um eine vorübergehende Erscheinung handeln könne.

Später, bei neuerlichen Untersuchungen, zeigte sich jedoch, daß die Symptome der Krankheit restlos verschwunden waren. Trotzdem warnten mich die Ärzte weiter vor einem Wiederaufflackern der Krankheit. Diese Befürchtungen aber berührten mich nicht mehr. Ich war meiner endgültigen Heilung gewiß.«

»Wie viele Jahre sind seither verflossen?« fragte ich.

»Vierzehn«, war die Antwort.

Vor mir stand ein gesunder, kräftiger und erfolgreicher Mann, und seine ganze Haltung zeigte mir, daß er nicht die geringsten Zweifel an seiner endgültigen Heilung hegte. Wie sollte er auch! Hatte er doch die Krankheit überwunden und durch seinen Glauben Gesundheit und Lebenskraft wiedergefunden.

Wie kam diese Heilung zustande? Offensichtlich durch die sorgfältige Arbeit der Ärzte *und* durch einen geistigen Prozeß. Solche Heilungen gibt es viele, und nachdem unzählige davon durch kritische und objektive Ärzte bestätigt worden sind, glaube ich, wir sollten die Kranken auf die Kraft des Glaubens aufmerksam machen. Ich bin überzeugt, daß unser Glaube bei der Heilung von Krankheiten »Wunder« vollbringen kann, die in Tat und Wahrheit Ergebnisse geistiger Gesetze sind.

Wir stellen heute immer mehr fest, daß eine religiöse Geisteshaltung Heilungen sowohl des Körpers als auch der Seele hervorrufen kann. Der moderne Mensch litt lange unter der falschen Vorstellung, die praktische Anwendung der christlichen Lehre lasse sich nicht mit den modernen medizinischen Erkenntnissen vereinen. Die Heilkraft des Glaubens ging fast gänzlich unter in der materiellen Wissenschaft. Glücklicherweise erkennt man heute immer mehr die tiefe Verbindung zwischen Glaube und Gesundheit.

Der bekannte Schriftsteller Harold Sherman wurde von einer Radiogesellschaft zur Mitarbeit eingeladen, mit dem Versprechen, er würde später als Autor fest angestellt. Nachdem er einige Monate gearbeitet hatte, stellte man ihn auf die Straße und benützte seine Manuskripte, ohne ihn dafür zu bezahlen.

Dadurch geriet Sherman in eine moralische und finanzielle Krise. Diese Ungerechtigkeit und Unkorrektheit erbitterte ihn dermaßen, daß er gestand, zum erstenmal in seinem Leben Mordgedanken gehegt zu haben. Seine Erbitterung und sein Haß wurden so groß, daß er krank wurde. Die Ärzte konstatierten eine Mykose, die sich in einer Art Pilz äußerte und seine Stimmbänder angriff. Die besten Ärzte befaßten sich mit dem Fall, doch zur Heilung brauchte es etwas Zusätzliches. Als Harold Sherman seinen Haß aufgab und vergessen und verzeihen konnte, ging seine Krankheit schrittweise bis zur völligen Heilung zurück. Medizinische Hilfe *und* Änderung der Geisteshaltung führten zur Gesundung.

Anläßlich einer Versammlung kam ich mit neun Männern zusammen. Darunter war ein Arzt, der kürzlich aus dem Militärdienst entlassen worden war und seine private Praxis wiederaufgenommen hatte. »Nach meiner Rückkehr aus der Armee«, erzählte er, »stellte ich in bezug auf die Sorgen meiner Patienten eine wesentliche

Veränderung fest. Ein hoher Prozentsatz braucht weniger eine Medizin als eine andere Geisteshaltung. Ihre Körper sind nicht so krank wie ihre Gedanken und Empfindungen. Alle leiden an irgendwelchen Minderwertigkeits-, Schuld- und Angstgefühlen, und viele von ihnen sind erfüllt von Ressentiments gegen andere Menschen. Immer mehr muß ich ebenso Psychiater wie Arzt sein, doch auch wenn ich sämtliche Behandlungsmethoden anwende, fehlt mir immer noch etwas. In vielen Fällen ist das Grundübel geistiger Natur, und ich begann damit, meinen Patienten die Bibel zu empfehlen. Heute ›verschreibe‹ ich immer mehr die Lektüre religiöser Bücher, speziell solcher, die dem modernen Menschen zeigen, wie er die Probleme des Lebens *geistig* meistern kann.«

Und indem er sich direkt an mich wandte, fuhr er fort: »Es wird langsam Zeit, daß sich unsere Seelsorger der Bedeutung bewußt werden, die sie bei der Heilung vieler Krankheiten haben. Natürlich läßt sich die Arbeit des Arztes dadurch nicht ausschalten, doch wir bedürfen einer vertrauensvollen Zusammenarbeit, um den Menschen ihre körperliche und geistige Gesundheit zurückgeben zu können.«

Ein Arzt schrieb mir einen Brief, worin er ausführte: »Sechzig Prozent der Bewohner meiner Stadt sind krank, weil ihre Geistesverfassung und ihr Gemütsleben nicht in Ordnung sind. Die Krankheit der Seele des modernen Menschen hat einen Grad erreicht, der sich auch organisch auswirkt.«

Vor Jahren machte mich Dr. Clarence W. Lieb auf die große Bedeutung der körperlichen Gesundheit bei der Behandlung von seelischen und geistigen Konflikten aufmerksam. Es wurde mir klar, welch eminent wichtige Rolle die Gefühle von Angst, Schuld, Haß und Ressentiment bei den mir dargelegten Lebensproblemen spielten. Sehr oft standen sie in engem Zusammenhang mit einem körperlichen Leiden. Dr. Lieb war von seiner Ansicht so überzeugt, daß er zusammen mit andern Ärzten eine religiös-psychiatrische Klinik eröffnete, wo schon sehr viele Menschen Heilung gefunden haben.

Zusammen mit befreundeten Ärzten ist es mir gelungen, vielen Menschen neue Hoffnung, Gesundheit und neue Lebensfreude zu bringen. Dr. Rebecca Beard sagt: »Zu hoher Blutdruck ist sehr oft bedingt durch eine unbestimmte, unterdrückte Angst vor irgend etwas, das eintreten könnte – also eine Angst vor Dingen, die gar nicht real sind. Bei Diabetikern verbrauchen Kummer und Enttäuschung so viele Energien, daß gewisse Drüsen mit dem Nachschub von Insulin nicht mehr nachkommen.

Die Medizin ist durchaus fähig, den Blutdruck zu senken oder zu steigern, doch nicht auf die Dauer. Sie kann durch neue Zufuhr von Insulin mehr Zucker in Energie verwandeln lassen, doch auch hier handelt es sich niemals um eine dauernde Heilung, sondern nur um vorübergehende Besserung. Das Übel muß an der Wurzel gepackt werden. Verdrängte, ungelöste seelische Konflikte müssen erkannt und dann gelöst werden. Um sie zu überwinden und eine gesunde Geisteshaltung zu entwickeln, gibt es einen Weg: *Selbsterkenntnis, Verständnis für unser Gefühls- und Seelenleben und die Rückkehr zu religiösem Glauben und Vertrauen.* In der Verbindung dieser existentiellen Haltung mit der medizinischen Wissenschaft liegt das große Versprechen endgültiger Hilfe. Die Antwort«, so schloß Dr. Beard, »liegt in den Lehren von Jesus Christus.«

Während langer Zeit habe ich von meinen Lesern, Radiohörern und von Gemeindemitgliedern Berichte über Heilungen erhalten, die durch den Glauben zustande gekommen sind. Ich habe alle diese Beispiele peinlich genau überprüft, um mich ihrer Wahrheit zu versichern. Dadurch wollte ich mir auch die Unterlagen verschaffen, um den ewig Ungläubigen und den Zynikern beweisen zu können, daß nur Menschen, die krank bleiben *wollen,* weil ihr Unterbewußtsein den Willen zur Krankheit entwickelt, die großen Möglichkeiten der Heilung durch den Glauben verneinen und ignorieren können.

Die Kirchen haben nach meiner unmaßgeblichen Meinung auf diesen wichtigen Punkt der christlichen Lehre viel zuwenig Bedeutung gelegt. Das Christentum hat uns in bezug auf die Heilung von Krankheiten aber viel zu sagen. Nicht umsonst wurde zum Ausgleich dieses Mangels eine große Zahl anderer Organisationen und Sekten begründet, die besonders *diesen* Teil der christlichen Lehre pflegen. Das aber ist kein Grund, warum nicht alle Kirchen damit beginnen sollten, die

Bedeutung der christlichen Lehre, des Glaubens und des Vertrauens für die körperliche und geistige Gesundheit des Menschen zu betonen und aufgrund unwiderlegbarer Tatsachen (wie auch auf dem Boden der Heiligen Schrift) der Menschheit die Wege aufzuzeigen, die uns Jesus Christus gewiesen hat.

Bei allen erfolgreichen Fällen der Heilung, die ich beobachtet habe, stellte ich gewisse Faktoren fest. Erstens die vollkommene Bereitschaft, sich in Gottes Hände zu begeben. Zweitens die absolute Trennung von allen Irrtümern und Fehlern in jeder Form und den festen Wunsch, reinen Herzens zu werden. Drittens Glauben und Vertrauen in die vereinigte Therapie der medizinischen Wissenschaften und der Heilkraft Gottes. Viertens den aufrichtigen Willen, Gottes Entscheidungen anzunehmen, wie immer sie auch ausfallen mögen, ohne jede Auflehnung oder Bitterkeit gegen seinen Willen. Fünftens einen unabänderlichen und vertrauenden Glauben an die Heilkraft Gottes.

Bei allen mir bekannten Heilungen zeigte sich ein nicht näher zu beschreibendes Gefühl von Wärme und Licht, mit dem bei den Leidenden die innere Erkenntnis der sich anbahnenden Heilung geweckt und gestärkt wurde, ein Gefühl der Entspannung, des Friedens, der Freude und der Zuversicht. Manchmal vollzog sich die Heilung plötzlich, in anderen Fällen war es der Beginn einer schrittweisen Besserung.

In allen Fällen, die ich überprüfte, habe ich eine genügend lange Zeit verstreichen lassen, um sicherzugehen, daß es sich nicht bloß um eine vorübergehende Besserung, sondern um eine Dauerheilung handelte.

Als Beispiel sei hier ein Erlebnis erwähnt, das mir von einer Frau mitgeteilt wurde, deren Wahrheitsliebe und Zuverlässigkeit außer jedem Zweifel stehen. Der Fall ist außerdem wissenschaftlich dokumentiert. Die Patientin litt an einem bösartigen Geschwür, dessen sofortige operative Entfernung von den Ärzten angeordnet wurde. Sie schrieb mir wörtlich: »Alle Behandlungsmethoden hatten versagt. Ich lebte in einer schrecklichen Angst, denn es war mir klar, daß meine Krankheit jeder weiteren Behandlung trotzen würde. Ich sah keine Hoffnung mehr und wandte mich in meiner Ratlosigkeit an Gott. Im vereinten Gebet mit einem gläubigen und gottvertrauenden Menschen bat ich um den wahren Glauben in die göttliche Heilkraft. Es gelang mir, meinen eigenen Willen ganz in demjenigen Gottes aufgehen zu lassen, und ich gewann größtes Vertrauen in seine Stärke. Eines Morgens, nachdem ich wie immer um göttliche Hilfe gebetet hatte und meiner Hausarbeit nachging, wurde ich gewahr, wie die Küche plötzlich von einem hellen Licht durchflutet war, und an meiner Seite fühlte ich einen Druck, als ob ein Mensch ganz nahe bei mir stünde. Auch andere Menschen waren durch Gebete geheilt worden, und ich begriff, daß sich die heilende Hand Gottes auf mich gelegt hatte. Ich wartete bis zum andern Tag, um festzustellen, ob sich die Symptome der Krankheit nicht wieder zeigten. Am nächsten Morgen war der Fortschritt so deutlich, und ich fühlte mich so befreit und wohl, daß ich meiner

Freundin telefonierte und ihr mitteilte, ich sei davon überzeugt, geheilt zu sein.

Das Erlebnis dieser Heilung ist heute noch so lebendig in mir wie damals. Es sind seither fünfzehn Jahre verflossen, und ich fühle mich noch heute ausgezeichnet.«

In vielen Fällen von Herzkrankheiten hat sich die Therapie des Glaubens (ein ruhiges, sicheres Gefühl des Vertrauens in Jesus Christus) als äußerst hilfreich erwiesen. Menschen, die eine Herzattacke erlitten haben und durch das Erlebnis der Krankheit zu einem gläubigen Gottvertrauen geführt worden sind und zugleich die Anordnungen der Ärzte genau befolgt haben, verzeichneten ganz erstaunliche Fortschritte. In vielen Fällen können solche Patienten einen Gesundheitszustand erringen, der *besser* ist als zuvor, weil sie ihre Möglichkeiten und Grenzen besser erkennen und dadurch neue Kraftreserven gewinnen. Außerdem haben solche Menschen das wichtigste Gesetz des menschlichen Wohlbefindens erkannt: die Einordnung des Menschen in die göttliche Lebensordnung.

Ein mitten im Berufsleben stehender, erfolgreicher Mann erlitt im Alter von 35 Jahren eine Herzattacke, und man sagte ihm, er werde nie mehr arbeiten können. Die ärztlichen Verordnungen lauteten auf absolute Bettruhe, und es machte den Anschein, als ob der Patient den Rest seiner Tage größtenteils liegend zubringen müsse.

An einem frühen Morgen griff er nach seiner Bibel, und durch einen Zufall (war es Zufall?) öffnete er das

Buch beim Brief an die Hebräer und las im 13. Kapitel den 8. Vers: »Jesus Christus ist gestern und heute derselbe und in Ewigkeit.« Er überlegte sich, daß Christus *damals* Menschen heilen konnte, und er stellte sich die Frage: »Warum sollte Jesus nicht auch *heute* noch heilen können? Warum sollte er nicht auch mich heilen können?« Und er faßte Vertrauen.

In seinen Gebeten bat er Gott um Hilfe, und er vermeinte die Stimme Jesu zu hören, der ihn fragte: »Glaubst du, daß ich dich heilen kann?« Und er antwortete: »Ja, Herr, ich glaube.« Er schloß die Augen und »glaubte, die heilende Hand Gottes auf seinem Herzen zu spüren«.

Während des ganzen Tages fühlte er sich ruhig, und in der folgenden Zeit spürte er deutlich eine Stärkung seines kranken Herzens. Eines Tages betete er: »Herr, wenn es dein Wille ist, stehe ich morgen auf, kleide mich an, und in einigen Tagen will ich meine Arbeit wiederaufnehmen. Ich gebe mich ganz in deine Hände. Wenn ich morgen infolge meiner neuen Anstrengungen sterbe, danke ich dir für alle guten Tage, die ich in meinem Leben hatte. Mit deiner Hilfe aber will ich den morgigen Tag beginnen, und ich bitte dich, an meiner Seite zu bleiben. Ich glaube, daß meine Kräfte ausreichen werden, sollte ich aber versagen und sterben, dann werde ich an deiner Seite in die Ewigkeit eingehen.«

In dieser ruhigen Sicherheit verstärkte er am kommenden Tag seine Aktivität, und im selben Geist verblieb er während der nächsten dreißig Jahre nach seiner Herzattacke. Mit 75 Jahren zog er sich zurück, und ich habe wenige Menschen gekannt, die sich ihre körperlichen und geistigen Kräfte so gut erhalten haben.

Jeden Tag nach dem Essen legte er sich zu einer Ruhepause nieder, und nie gestattete er sich irgendeine Aufregung. Er ging früh zu Bett und stand früh auf, und die disziplinierte Anwendung gesunder Lebensregeln sicherte ihm eine ausgezeichnete Gesundheit und Leistungsfähigkeit bis ins hohe Alter.

Bei all seinem Tun fehlte jegliche Hast, jegliche Sorge und jegliche Spannung. Er arbeitete viel, aber gelöst und ohne Krampf. Die Ärzte sagten, ohne diese entscheidende Wendung in der geistigen Haltung zu seiner Arbeit wäre er früh gestorben oder zum mindesten ein invalider Mann geblieben. Die Diagnosen der Ärzte führten ihn an *den* Punkt, wo die heilende Kraft Gottes eingreifen konnte. Ohne diese Herzattacke wäre der Mann für eine geistige und seelische Heilung nicht reif geworden.

Sollten wir selbst oder einer unserer Lieben erkranken, so dürfen wir neben der ärztlichen Betreuung und der praktischen Anwendung der wissenschaftlichen Erkenntnisse nie eine der größten Quellen der Heilung vergessen: *das Vertrauen in die Heilkraft Gottes.*

Dabei mögen uns die nachfolgenden acht Grundsätze einen praktisch begehbaren Weg aufzeigen:

1. Befolge den Rat eines prominenten Arztes, der sagte: »Wenn du krank wirst, rufe nicht nur den Arzt, sondern auch den Seelsorger!« Damit wollte er sagen: Vergiß

nicht, daß deine Geisteshaltung ebenso wichtig ist wie die korrekte medizinische Behandlung.

2. Bete für deinen Arzt. Denke daran, daß Gott menschliche Helfer hat, und erinnere dich an die Worte eines Arztes, der sagte: »Wir behandeln die Patienten, und Gott heilt sie.« Bitte darum, dein Arzt möge dir unter Gottes Führung Heilung bringen.

3. Was immer auch geschieht, lasse keine ängstlichen und negativen Gedanken in dir aufkommen. Du weckst damit destruktive Kräfte, sowohl bei dir selbst als auch bei andern Menschen. Kranke brauchen vermehrt positive, vertrauende und gläubige Gedanken.

4. Erinnere dich daran, daß Gott seine großen Gesetze nicht verläßt. Unsere menschlichen Ordnungen und Erkenntnisse sind nur unvollkommene Abbilder der göttlichen Gesetze, die das Universum beherrschen. Gott bietet uns zwei Wege der Heilung: durch die materialistische Anwendung der Wissenschaft *und* durch das Gesetz des Geistes. Das letztere wird erweckt durch Glaube und Vertrauen.

5. Gib dich und deine Lieben ganz in Gottes Hand. Durch deinen Glauben kannst du auch andere Menschen in den Genuß göttlicher Kraft bringen. Auch darin liegt eine gewaltige Kraft, die zwar schwer zu erklären und zu verstehen ist. Wenn sich aber unser gläubiges Vertrauen mit dem aufrichtigen Willen des

Patienten vereint, sich ganz unter den Schutz Gottes zu begeben, werden große heilende Kräfte geweckt.

6. Es ist von großer Wichtigkeit, daß der Kranke mit seiner Familie in geistiger Harmonie lebt. Denken wir an die bedeutungsvollen Worte der Heiligen Schrift: »Denn wo zwei oder drei versammelt sind in meinem Namen, da bin ich mitten unter ihnen.« (Matthäus 18,20) Wie auch: *»Wenn zwei von euch auf Erden darin übereinstimmen werden, irgendeine Sache zu erbitten, so wird sie ihnen zuteil werden von meinem Vater im Himmel.«* (Matthäus 18, 19) Disharmonie und Krankheit sind eng verbunden miteinander.

7. Stelle dir ein Bild des Kranken (oder falls du selber krank bist, deiner selbst) vor, das ihn bei guter Gesundheit zeigt. Sieh ihn als einen Menschen, der Verbindung mit Gott hat und seiner Liebe und Güte teilhaftig wird. Unser Bewußtsein mag gefangen sein in Krankheit und Tod, doch neun Zehntel unseres Geistes bestehen aus dem Unterbewußtsein. Lassen wir darum das erschaute Bild der Gesundheit und Lebenskraft tief in unser Unterbewußtsein eindringen, und dieser kraftgeladene Teil unseres Geistes wird Ströme der Energie und der Lebenskraft entwickeln. Was wir in unserem Unterbewußtsein glauben und erwarten, wird uns in der Regel teilhaftig. Wenn unser Vertrauen in unserem Unterbewußtsein nicht vorherrscht, werden wir niemals gute Ergebnisse erzielen, denn es gibt immer nur das zurück, was unsere Gedanken ihm geben. Wenn unsere tiefsten

Gedanken negativ sind, wird auch das Resultat negativ sein. Sind unsere Gedanken aber wirklich gläubig und lebensbejahend, dann wird das Ergebnis Heilung und Gesundheit sein.

8. Sei natürlich! Bitte Gott um Heilung deiner selbst oder deiner Lieben – denn das ist es, was du dir von ganzem Herzen wünschest. Bitte ihn aber nicht fortwährend, wandle dein Flehen viel eher in Dankbarkeit für seine Liebe und Güte. Dieses dankbare und zuversichtliche Vertrauen wird dich beruhigen und mit einer tiefen, inneren Freude erfüllen, und Freude allein ist schon heilende Kraft an sich.

Wie wir verlorene Vitalität wiedergewinnen können

Ich hörte eines Tages von einer Frau, die in eine Apotheke ging und eine Flasche psychosomatische Medizin verlangte ...

Eine solche Arznei ist jedoch nicht in Pillen oder Tropfen erhältlich, doch gibt es trotzdem eine Form psychosomatischer Medizin, und viele von uns bedürfen ihrer. Das Rezept enthält: Gebete, Vertrauen und schöpferisches Denken.

Es ist vielfach festgestellt worden, daß 50 bis 75 Prozent der Menschen unserer Generation krank sind, weil sich ihre Geisteshaltung ungünstig auf Gemüt und Körper auswirkt. Viele dieser Menschen könnten ihren Zustand verbessern, wenn sie sich neben der ärztlichen Hilfe die Grundsätze des positiven Denkens zu eigen machten.

Der Verkaufschef einer großen Firma, der für seine Vitalität und seinen scheinbar unerschöpflichen Ideenreichtum bekannt war, begann plötzlich in seinen Leistungen nachzulassen. Die guten Ideen blieben aus, und bald stellte man auch eine sinkende Verkaufskurve fest. Die Geschäftsleitung sandte ihn zum Arzt und gewährte ihm einen längeren Ferienaufenthalt, damit er sich entspannen und erholen könne, doch blieben diese Maßnahmen ohne jeden Erfolg.

Sein Arzt sandte ihn zu mir. Auch die Geschäftsleitung legte ihm diesen Schritt nahe, doch der Betroffene war sehr ärgerlich, weil man glaubte, ihn »zur Kirche« senden zu müssen.

»Ist es nicht lächerlich, einen Geschäftsmann zu einem Pfarrer zu schicken?« fragte er nach unserer Begrüßung, und spöttisch fügte er bei: »Ich nehme an, Sie wollen mit mir beten und die Bibel lesen?«

»Warum nicht?« sagte ich. »Manchmal liegen unsere Schwierigkeiten auf Gebieten, wo die Macht des Gebets und die Weisheit der Bibel gute Erfolge zeitigen können.«

Unsere Unterredung verlief unerfreulich, und es gelang mir nicht, seine innere Abneigung zu überwinden. Schließlich war ich gezwungen zu sagen: »Ich will Ihnen offen gestehen, daß Sie besser täten, mir Vertrauen zu schenken und mit mir zusammenzuarbeiten, wenn Sie nicht entlassen werden wollen.«

»Wer hat Ihnen das gesagt?« fragte er erschrocken.

»Ihr Chef«, sagte ich. »Er sagte mir, Ihre Entlassung sei unumgänglich, wenn es nicht gelänge, Ihren Zustand zu ändern.«

»Was glauben Sie, daß ich tun sollte?« fragte der Mann, erstaunt und unsicher geworden.

»Manchmal geraten Menschen in einen ähnlichen Zustand«, sagte ich, »wenn ihr Geistesleben von irgendwelchen Befürchtungen, Spannungen, Ressentiments, Schuldgefühlen oder einer Kombination aller zusammen erfüllt ist. Wenn diese Empfindungen eine gewisse Stärke erlangen, ist unsere Persönlichkeit nicht länger in der Lage, sie zu ertragen, und gibt auf. Die normalen Quellen geistiger und physischer Erneuerung sind verstopft, und solche Menschen verlieren rasch an Gesundheit und Geisteskraft. – Ich kenne Ihre Sorgen nicht, doch ich schlage Ihnen vor, mich als einen aufrichtigen Freund zu betrachten, dem Sie absolutes Vertrauen schenken können.«

Ich betonte, es sei von größter Wichtigkeit, mir nichts zu verheimlichen, und gab ihm den Rat, er möge sich vollkommen über alle seine Empfindungen, wie immer sie geartet seien, aussprechen, und ich versicherte ihn meiner strikten Verschwiegenheit. »Alles, was Ihre Arbeitgeber wollen, ist ihre Rückkehr in die Firma und die Wiederaufnahme Ihrer früheren, erfolgreichen Tätigkeit.«

Die Quellen seiner Sorgen kamen ans Licht. Er hatte eine Reihe von Verfehlungen begangen, durch die er in ein Lügennetz verstrickt worden war. Er lebte in ständiger Angst vor der Entdeckung, und sein ganzes Innenleben war ein Knäuel von Befürchtungen, düsteren Erwartungen und Schuldgefühlen.

Es war sehr schwierig, ihn zum Sprechen zu bringen, da er ein feinfühliger Mensch mit ausgeprägtem Schamgefühl war. Ich machte ihm aber begreiflich, daß diese »Operation« ausgeführt werden *müsse* und zu ihrer erfolgreichen Durchführung eine restlose »Entleerung« und Befreiung des Geistes unumgänglich sei.

Ich werde seine Reaktion nie vergessen, als alles vorbei war. Er stand, wippte auf den Fußspitzen, streckte seine Arme gegen die Zimmerdecke und tat einen tiefen

Atemzug. »Mein Gott«, sagte er, »ich fühle mich besser!« Dadurch brachte er eindrücklich seine innere Befreiung und die Erlösung von einer schweren Belastung zum Ausdruck. Ich schlug ihm vor, zu beten und Gott um Verzeihung und um inneren Frieden zu bitten.

»Meinen Sie, ich sollte *laut* beten?« fragte er unsicher. »So etwas habe ich mein Lebtag nicht getan.«

»Dann tun Sie es eben *jetzt*«, sagte ich, »es wird Ihnen guttun und Ihnen neue Kraft verleihen.«

Er sprach ein einfaches Gebet, und in meiner Erinnerung blieb es ungefähr wie folgt haften: »Lieber Gott, ich habe schwere Fehler begangen, und ich bereue sie. Ich habe meinem Freund alles gestanden, und ich bitte dich, mir zu verzeihen und mir meine Ruhe wiederzuschenken. Stärke mich, damit ich nie wieder solche Fehler mache, und hilf mir, ein sauberes und ehrliches Leben zu führen.«

Am selben Tag ging er in sein Büro zurück, und kein Mensch sprach je mehr über die Angelegenheit. Es war auch nicht nötig, denn von dieser Stunde an erfüllte er seine Arbeit wieder in alter Frische und Tatkraft, und er zählt wieder zu den besten Verkaufschefs seiner Stadt.

Später traf ich seinen Arbeitgeber. »Ich weiß nicht, was Sie mit Bill gemacht haben, aber er ist besser als je«, sagte er.

»Ich habe nichts gemacht«, sagte ich, »Gott hat es getan.«

»Ich verstehe«, sagte er, »jedenfalls ist Bill wieder der alte.«

Dr. Franklin Ebaugh von der Medizinischen Fakultät der Universität Colorado erklärt, von den in den allgemeinen Spitälern behandelten Krankheiten sei ein Drittel rein organischer Natur, das zweite Drittel bestehe aus einer Kombination organischer und psychischer Krankheit und das letzte Drittel sei rein psychisch bedingt. Und Dr. Flanders Dunbar, der Autor des Buches »Körper und Seele«, sagt: »*Die Frage ist nicht, ob eine Krankheit körperlich oder seelisch bedingt ist, sondern wieweit das Körperliche oder das Seelische daran beteiligt ist.*«

Wer die ganze Frage objektiv beurteilt, muß zugeben, daß die Ärzte recht haben, wenn sie Angst, Neid, Ressentiments, Haß, Eifersucht und Ärger als *direkt krankheitsfördernd* bezeichnen. Wie oft zeigen sich die Folgen eines Ärgers in Magen- und Darmstörungen. Durch irgendeinen Gefühlsausbruch spielen sich im Körper chemische Prozesse ab, deren Resultat organische Störungen sind. *Ergibt sich aber eine unaufhörliche Kette solcher Empfindungen und ihrer Reaktionen, so muß das Allgemeinbefinden des Körpers Schaden nehmen.*

Als ich mich mit einem Arzt über einen gemeinsamen verstorbenen Bekannten unterhielt, bemerkte er, der Patient sei an »Neiditis« gestorben. Der Arzt wollte damit sagen, seine Reserven seien durch ein lange gehegtes Haßgefühl aufgezehrt worden. »Dadurch fügte er seinem Körper solchen Schaden zu, daß er keine Widerstandskraft mehr hatte, als er von einer Krankheit befallen wurde.«

Dr. Charles Miner Cooper schrieb in einem Artikel über Herzbeschwerden: »Wir müssen lernen, unsere

Gefühle im Zaum zu halten. Ich hatte einen Patienten, dessen Blutdruck ganz bedeutend hinaufkletterte, wenn er sich ärgerte. Daraus können wir ermessen, welche Folgen solche Reaktionen auf das Herz haben müssen.«
Dr. Cooper schrieb, Menschen, die stets bereit seien, für irgendein Mißgeschick *andere* anzuklagen, würden besser tun, sich in Dinge zu schicken, die nicht mehr zu ändern seien. Der schottische Arzt John Hunter, der an einem Herzfehler litt und die Bedeutung der Gemütsverfassung in dieser Beziehung sehr wohl kannte, sagte, sein Leben liege praktisch in der Hand von Leuten, die ihn aufregen und ärgern könnten. In der Tat starb Dr. Hunter trotz seines Wissens um die Gefährlichkeit von Gefühlserregungen an einer Herzattacke, die er sich bei einem Wutausbruch zuzog, als er seine Selbstbeherrschung verloren hatte. Dr. Cooper gibt uns den Rat, beim Auftauchen irgendeines geschäftlichen oder persönlichen Problems, das uns beunruhigt oder in Aufregung zu versetzen droht, uns vollkommen zu entspannen. Das hilft mit, den inneren Aufruhr zu besänftigen. *Unser Herz braucht Menschen, die mit Überlegenheit, Ruhe, Zuversicht und Intelligenz ihre Gefühlserregungen zu zügeln verstehen.*

Wenn wir uns irgendwie unter Druck befinden, ist es ratsam, eine *rücksichtslose Selbstanalyse* vorzunehmen. Wir müssen uns fragen, ob wir uns in irgendeinem versteckten Ressentiment, in einer Verärgerung, in einer Enttäuschung oder in Neid und Mißgunst verfangen haben, und wenn wir in aufrichtiger Selbstprüfung ein solches Übel entdeckt haben, müssen wir es rücksichtslos über

Bord werfen. *Solche Gefühle gegen andere Menschen schaden niemandem außer uns selbst.*

Jede Desorientierung unseres Gemüts nagt an unserer Lebenskraft, zerstört unsere Energie und vermindert unsere Leistungsfähigkeit. Außerdem zerstört ein ungesundes Gemütsleben unsere körperliche Gesundheit und damit auch unser Lebensglück.

Wir wissen heute, daß unser Geistes- und Gemütszustand direkten Einfluß auf unsere Gesundheit hat. Wir wissen ferner, daß Menschen durch Neid, Mißgunst, Ärger und Ressentiments krank werden können. Wir wissen auch, daß irgendwelche Schuld- oder Angstgefühle die verschiedensten Krankheitssymptome hervorrufen können, und es ist bewiesen, daß die Heilung ihren Anfang nahm, nachdem eine geistige Umstellung eingeleitet worden war.

Ein Arzt erzählte mir den Fall einer jungen Frau, die mit allen Anzeichen einer akuten Arthritis in seine Klinik eingeliefert wurde. Die Frau hatte sehr hohes Fieber, und ihre Gelenke waren stark geschwollen. Um den Fall genau abzuklären, gab ihr der Arzt keine Arznei außer einem leichten Schmerzmittel. Nach zwei Tagen fragte die Patientin den Arzt: »Wie lange wird dieser Zustand dauern, und wie lange muß ich im Spital bleiben?«

Der Arzt antwortete: »Ich glaube, daß Sie etwa sechs Monate hier bleiben müssen.«

Die Unterredung hatte am Abend stattgefunden. Am andern Morgen war die Temperatur der Patientin normal, und die Schwellungen in ihren Gelenken waren verschwunden. Der Arzt fand für diese plötzliche Heilung keine Erklärung, beobachtete die Frau noch einige Tage und schickte sie dann nach Hause.

Einen Monat später wurde sie erneut in das Spital eingeliefert: hohes Fieber, geschwollene Gelenke. Die nähere Abklärung ihrer Lebensumstände ergab, daß ihr Vater sie zu einer Heirat mit einem Mann, der ihm geschäftlich große Vorteile bieten konnte, veranlassen wollte. Die junge Frau liebte ihren Vater und hätte seinen Wunsch gern erfüllt, aber sie konnte nicht einen Mann heiraten, den sie nicht liebte. So kam ihr das Unterbewußtsein zu Hilfe und versah sie mit einer akuten Arthritis und mit hohem Fieber ...

Der Arzt sprach mit dem Vater und warnte ihn, seine Tochter zu dieser Heirat zu zwingen, da er ihr damit gesundheitlich schweren Schaden zufügen könne. Als der Vater Vernunft annahm und die Tochter erfuhr, er habe seinen Wunsch aufgegeben, stellte sich die Heilung plötzlich und dauernd ein.

Das will nun nicht heißen, jedermann, der an Arthritis leide, sei mit dem falschen Partner verheiratet. Dieser Fall soll lediglich die ungeheuren Einflüsse unseres Gemütslebens auf den Körper verdeutlichen.

Ein Psychologe schrieb, Kinder könnten vom »Virus« der Angst viel leichter angesteckt werden als durch Masern oder irgendeine andere Kinderkrankheit. Der Bazillus der Angst dringt tief in ihr Unterbewußtsein ein und kann dort während eines ganzen Lebens verharren.

»Glücklicherweise«, so fügt er bei, »können aber Kinder ebensoleicht Liebe, Güte und Vertrauen in sich aufnehmen und dadurch gesunde und normale Menschen bleiben.«

Dr. Ewald Weiß ist der Ansicht, wir sollten Ärger, Haß und Nachträglichkeit gegen andere Menschen ebensosehr als Bakterien betrachten wie andere Krankheitserreger, weil sie genauso Krankheiten und körperliche Schmerzen hervorrufen können wie wissenschaftlich feststellbare Bazillen.

Eine Frau besuchte ihren Arzt wegen eines Ausschlags an den Händen, der als ein Ekzem diagnostiziert wurde. Da es durch die klassische medizinische Behandlung nicht heilen wollte, ermutigte der Arzt die Frau, von ihren Problemen zu erzählen, und es zeigte sich, daß sie einen strengen und unerbittlichen Charakter hatte. Die Patientin litt zudem auch an Rheuma. Der Doktor sandte sie zu einem Psychiater, der feststellte, daß die Frau an schweren inneren Konflikten litt, die sie nun in Form eines Ekzems nach außen transponierte.

Schließlich fragte sie der Psychiater: »Was frißt innerlich an Ihnen? Irgend etwas bedrängt und bedrückt Sie, nicht wahr?« Die Patientin fuhr zusammen und verließ das Sprechzimmer, ohne ein Wort zu sagen. Der Psychiater wußte, daß er den Nagel etwas zu genau auf den Kopf getroffen hatte; doch nach einigen Tagen zwang sie der Zustand ihres Ausschlages erneut zu einem Besuch. Sie war bereit, sich helfen zu lassen, selbst auf die Gefahr hin, einen lange gehegten Haß aufzugeben.

Der ganze Hintergrund bestand aus einem Testament, das – nach Meinung der Patientin – zu ihren Ungunsten und zugunsten ihres Bruders aufgestellt worden war. Als sie sich mit den Tatsachen abgefunden und mit ihrem Bruder reinen Tisch gemacht hatte, verschwand das Ekzem innert 24 Stunden.

Selbst zwischen gewöhnlichen Erkältungen und Gemütskonflikten besteht ein direkter Zusammenhang. Dr. L. Saul von der Universität Pennsylvania hat sich eingehend mit diesem Problem befaßt. Er schreibt: »Gemütserregungen und -konflikte beeinträchtigen die Blutzirkulation in Nase und Hals. Sie können auch die Drüsenfunktionen direkt beeinträchtigen; dadurch wird die Empfindsamkeit der Schleimhäute auf Ansteckungen stark gesteigert.«

Dr. E. P. Fowler schreibt: »Erkältungen sind oft feststellbar bei Studenten, die vor ihrem Examen stehen, oder bei Menschen, die eine Reise vorhaben oder von einer Reise zurückkehren. Auch der bevorstehende Besuch einer Schwiegermutter kann bei Hausfrauen Erkältungen auslösen, die in vielen Fällen mit der Abreise wieder verschwinden.« (Dr. Fowler sagt nicht, ob sich solche Erscheinungen auch bei der Schwiegermutter selbst zeigen – vielleicht geht es ihr ebenso!)

Dr. Fowler erzählt den Fall einer fünfundzwanzigjährigen Verkäuferin. Als sie in seine Sprechstunde kam, hatte sie eine verstopfte Nase, die durch Blutstauungen gerötet war; sie litt außerdem an Kopfweh und leichtem Fieber. Diese Symptome waren seit Wochen unverändert, und eine nähere Befragung ergab, daß sie wenige

Stunden nach einem heftigen Streit mit ihrem Verlobten aufgetaucht waren.

Lokale Behandlungen brachten die Erscheinungen zum Verschwinden, doch nach einigen Wochen kam die Patientin erneut in die Sprechstunde wegen der gleichen Krankheit. Diesmal war sie nach einer Auseinandersetzung mit ihrem Metzger davon befallen worden. Wieder war die ärztliche Behandlung erfolgreich, doch das Mädchen erlitt immer neue Erkältungsanfälle, und jedesmal hingen sie irgendwie mit einem Ärger zusammen. Es gelang dem Arzt, sie zu überzeugen, daß ihr unfreundliches und ungezügeltes Temperament dafür verantwortlich sei. Als sie lernte, die Dinge ruhiger zu nehmen und sich nicht wegen jeder Kleinigkeit aufzuregen, verschwand ihr chronischer Schnupfen.

Trotzdem gibt es noch Menschen, die der Ansicht sind, es sei ein »theoretischer Ratschlag«, wenn die Bibel uns vor Aufregungen und Zorn warnt! Die Bibel aber ist nicht theoretisch: Sie ist voller praktischer Ratschläge für unser Leben und unsere Gesundheit. Ärger, Haß und Schuld führen zur Krankheit.

Die Erkenntnisse der modernen Wissenschaft beweisen, daß die Heilige Schrift, die von so vielen Menschen noch nicht beachtet wird, ein hochaktuelles Buch und ein praktischer Wegweiser zu unserem persönlichen Wohlbefinden ist. Die Bibel zeigt uns nicht bloß unsere Fehler und Schwächen, sondern sie weist uns auch den Weg zu ihrer Überwindung und Heilung.

Dr. Fowler macht uns auch auf die gemütsbedingten »Erkältungen« bei Kindern aufmerksam. Chronische

Erkältungen zeigen sich oft bei Kindern, deren Heim in die Brüche ging. Er berichtet von einem neunjährigen Buben, der einen sehr strengen, diktatorischen Vater und eine nachgiebige, weiche Mutter hatte. Der Konflikt zwischen der übermäßigen Strenge des einen Elternteils und der Nachgiebigkeit des andern irritierte das Kind. Während vieler Jahre litt es an immer wiederkehrendem Husten und Schnupfen. Es war interessant, festzustellen, wie diese Erscheinungen verschwanden, sobald der Junge mit den Pfadfindern in ein Camp auszog und nicht mit seinen Eltern in Berührung kam.

Wenn Ärger, Unsicherheit, Spannungen, Ressentiments und Mißgunst so machtvoll sind, was ist der logische Schluß, den wir aus diesen Tatsachen zu ziehen haben? *Wir müssen unseren Geist und unser Gemüt mit Gedanken und Gefühlen des guten Willens, der Güte und Liebe, der Verzeihung, der Großzügigkeit, der Toleranz und der Gelassenheit erfüllen.* Und wie können wir dies erreichen?

Denken Sie daran, daß Ärger eine Erregung ist. Erregungen sind warm, vielfach sogar heiß. Um sie zu dämpfen, muß man sie abkühlen. Aber wie? Wenn sich jemand aufregt und ärgert, wollen sich die Fäuste ballen, die Stimme wird laut und steigt, die Muskeln spannen sich, und der Körper wird verkrampft. (Physisch gesehen, machen wir uns zum Kampf bereit.) Stellen wir darum der Hitze innere Gelassenheit und Kühle entgegen. Lassen wir sie einfrieren! Durch einen Akt des Willens entspannen wir unsere Hände, senken Tonfall und Lautstärke unserer Stimme. Lassen wir uns in einen

Stuhl fallen oder besser: Legen wir uns nieder. Wer liegt, hat Mühe, die Selbstbeherrschung zu verlieren.

Sagen Sie zu sich selbst: »Sei kein Narr! Aufregung führt nirgends hin. Darum Schluß damit!« Vielleicht haben Sie Mühe, gerade jetzt zu beten. Versuchen Sie es aber trotzdem. Stellen Sie sich Jesus Christus vor! Könnte er sich so gebärden wie Sie? Niemals! Das wird Ihnen helfen, sich zu beruhigen.

Eine gute Methode, um Erregungen abzukühlen, besteht in der Gewohnheit, langsam auf zehn zu zählen. *Besser aber* sind die ersten zehn Worte des »Unser Vater«. Wenn Sie sich aufregen, sagen Sie ruhig den ersten Satz des Gebets vor sich hin, und Ihre Erregung wird viel von ihrer Macht über Sie verlieren.

Ärger und Verdruß sind gewöhnlich der Ausdruck vieler kleiner Unannehmlichkeiten, die Macht gewonnen haben, weil sich ein Steinchen zum andern gefügt hat, bis das Ganze schließlich groß und gewichtig geworden ist. Es lohnt sich daher, eine Aufstellung aller kleinen Dinge zu machen, die uns bedrücken und irritieren. Es spielt gar keine Rolle, wenn es sich dabei um scheinbar unbedeutende Dinge handelt; schreiben Sie sie trotzdem auf! Dadurch werden wir uns der vielen kleinen Bächlein bewußt, die sich schließlich zum reißenden Strom des Kummers vereinen.

Befassen Sie sich mit jeder einzelnen Ihrer kleinen Bedrängungen im Gebet. Erringen Sie über jede einen besonderen Sieg. Anstatt alle Ihre Sorgen auf einmal zu überwinden, was eine allzu große Kraftanstrengung erfordert, nehmen Sie sie sich einzeln vor. Auf diese Weise werden Sie die Kraft Ihrer gesamten Ärgernisse schwächen und schließlich ganz damit fertig werden.

Sobald Sie fühlen, wie Sie irgendein Verdruß in die Krallen nimmt, sagen Sie sich: »Lohnt es sich wirklich, mich deswegen aus der Ruhe bringen zu lassen? Will ich wirklich einen Narren aus mir machen? Soll ich dadurch die Zuneigung und Freundschaft anderer Menschen verlieren?« Sagen Sie sich auch jeden Tag die Worte: »Es gibt nichts, für das sich eine Aufregung lohnt.«

Wenn Sie verletzt worden sind, tun Sie sofort etwas dagegen. Schleichen Sie nicht als »beleidigte Leberwurst« herum und lassen Sie keine Selbstbemitleidung in sich aufkommen. Handeln Sie so, als ob Sie sich in den Finger geschnitten hätten: einige Tropfen geistiges »Jod« in Form eines Gebets. Seien Sie nicht nachtragend, verzeihen Sie! Ihr Ressentiment schadet niemandem außer Ihnen selbst!

Üben Sie Ihren Geist in der Kunst der Reinigung und des Vergessens. Das heißt: Öffnen Sie die Kammern Ihres Hirns und lassen Sie alle Gedanken des Ärgers und des Verdrusses ausfliegen. Suchen Sie einen Menschen auf, dem Sie ganz vertrauen können. Sprechen Sie mit ihm, erleichtern Sie Ihr Herz. Trennen Sie sich konsequent von allen Resten negativer Gedanken – und vergessen Sie sie.

Wenn Sie jemand verletzt hat, beten Sie für ihn. Das hilft nicht immer sofort, aber auf die Dauer hilft es *sicher*. Beten Sie so lange, bis alle Gefühle der Abneigung und des Ärgers in Ihnen verschwunden sind.

Sprechen Sie das folgende kleine Gebet: »Möge mein

Herz von der Liebe Jesu erfüllt werden.« Und fügen Sie bei: »Möge Gottes Liebe für ... (fügen Sie hier den Namen des betreffenden Menschen ein) auch mein Herz erfüllen.« Bitten Sie darum, daß dieser Wunsch Ihr aufrichtiger Wille werde.

Nehmen Sie den Rat Jesu wörtlich: Vergib siebzigmal siebenmal! Um es genau zu nehmen: das ist vierhundertneunzigmal. Bevor Sie jemandem so oft vergeben haben, werden Sie frei von Verdruß und nicht mehr nachtragend sein.

Ihre Aufregungen, Ihr Ärger, Ihr Verdruß, Ihr Haß – das alles kann einzig und allein zum Verschwinden gebracht werden, wenn Jesus Christus selbst die Kontrolle darüber ausübt. Beten Sie wie folgt: »So wie du einen Menschen vom Schlechten zum Guten führen kannst, so bitte ich dich, meinen Nerven deine Ruhe und deinen Frieden zu schenken. So wie du Macht gibst über die Sünden des Fleisches, schenke mir Macht über die Sünden des Geistes und des Gemüts. Stelle meine Gefühle unter deinen Schutz. Gibt meinen Nerven und meiner Seele deinen Frieden.«

Wenn Sie erneut von Ärger und Verdruß befallen werden, erinnern Sie sich an dieses Gebet. Wiederholen Sie es täglich dreimal. Schreiben Sie es auf! Heften Sie es über Ihr Pult oder Ihren Küchentisch und legen Sie es in Ihre Taschenagenda.

Begeisterung überzeugt und gewinnt

Es gibt eine magische Erfolgsformel. Kein Unternehmen ist ohne sie erfolgreich; jede Firma kann sich mit ihrer Hilfe durchsetzen. Es ist eine Formel zum Erfolg im Leben überhaupt, und sie besteht aus sechs kurzen Wörtern: »Finde ein Bedürfnis – und erfülle es!«

Jedes erfolgreiche Unternehmen hat seinen Erfolg mit dieser Formel begründet. Die Leiter dieser Betriebe machten ein Bedürfnis für ein Produkt oder eine Dienstleistung ausfindig, und dann gingen sie daran, dieses Bedürfnis zu decken. Sie taten es einwandfrei – und ihre Bemühungen wurden durch Erfolg belohnt.

Die großen Männer aller Zeiten waren jene, die Bedürfnisse sahen, jene, die auf die Forderungen der Zeit aufmerksam wurden. Sie begannen Wege zu suchen, um diese Bedürfnisse zu erfüllen, diesen Wünschen nachzukommen, und wurden so zu Dienern an der Menschheit. Das ließ sie aus der Masse heraustreten und erfolgreich sein.

Wahrer Erfolg beruht nicht auf Durchtriebenheit, nicht auf rastloser Betriebsamkeit und nicht auf fragwürdiger Protektion. All das mag einen während einer gewissen Zeit voranbringen, aber es hat keinen Gehalt und kann daher nicht von Dauer sein. Auch übertriebene, bloß vorgetäuschte Begeisterung überzeugt nicht, hat keine Wirkung und bringt keine dauerhaften, positiven Resultate. Die Begeisterung eines guten Kaufmannes oder Unternehmers hingegen, die auf der echten Überzeugung beruht, daß seine Produkte oder Dienstleistungen gebraucht werden und dem Kunden wirklich nützen, ist die richtige Art von Begeisterung, die allein wahren Erfolg bringt. Ein Verkäufer, der übertreibt, fordert zum Widerstand heraus – echte Begeisterung hingegen erweckt Vertrauen.

Jeder, der etwas anbietet, das die Menschen brauchen und das ihnen nützt, besitzt die Voraussetzung zu einer erfolgreichen Laufbahn. Aber er muß überzeugt sein, daß das, was er tut, richtig ist. Ist es nicht richtig, dann ist es falsch – nicht halb richtig, nicht halb falsch. Entweder ist etwas richtig oder falsch, und was falsch ist, kann nie und nimmer, wie man es auch drehen mag, richtig sein. Was nicht gut ist, ist schlecht, und was schlecht ist, kann nicht gut sein. Wir aber wollen doch das Richtige tun.

Wenn wir an etwas wirklich glauben, gewinnen wir auch Überzeugungskraft. Dann wird Begeisterung lebendig, entfaltet sich und beginnt für uns zu arbeiten. Und wenn Begeisterung – echte, leuchtende Begeisterung für eine Dienstleistung – dabei ist, dann wird unsere Überzeugungskraft unwiderstehlich. Überzeugende Begeisterung ist vielleicht die mächtigste Kraft, die es überhaupt gibt. Sie hilft uns, Menschen für etwas zu gewinnen, sie ihre Bedürfnisse erkennen zu lassen und ihnen zu zeigen, daß wir in der Lage sind, diese zu erfüllen. Dadurch können wir Menschen gewinnen – und warum sollten wir das nicht? Haben wir ihnen doch etwas zu bieten, das sie brauchen, etwas, das sie zu ihrem Glück und ihrem Wohlbefinden nötig haben.

Doch nicht alle Menschen wissen immer, was sie wirklich brauchen. Manche sträuben sich gegen etwas, das sie tatsächlich nötig hätten. Gerade da müssen wir unsere Kontaktfähigkeit und Überzeugungskraft einsetzen. Die Kunst zu überzeugen ist die Fähigkeit, andere dazu zu bringen, in unserem Sinne zu denken, in unserer Richtung zu gehen. Kontaktfähigkeit und Überzeugungskraft – das sind die beiden unerläßlichen Voraussetzungen für jeden, der seine Mitmenschen beeinflussen will; sei es, daß sie ein bestimmtes Produkt kaufen, eine Idee gutheißen, eine Überzeugung teilen oder auf ein gemeinsames Ziel zusteuern sollen.

Wie man ein guter Verkäufer wird

Ich halte mich dazu berechtigt, in diesem Kapitel so viel über Verkaufsfragen zu schreiben, weil ich nicht nur an vielen Vertreter-Zusammenkünften gesprochen habe, sondern weil ich mich mit dem Verkäuferberuf überhaupt sehr stark verbunden fühle, so stark, daß ich sogar einen Film mit dem Titel »Wie man ein guter Verkäufer wird« gemacht habe.

Wie wird man ein guter Verkäufer? Dieses Kapitel möchte einige Methoden, die zum Erfolg führen, veranschaulichen und erklären. Zunächst will ich elf Punkte anführen. Ich glaube, daß sie für jeden Verkäufer, der Erfolg haben will, außerordentlich wichtig sind.

1. Finde ein Bedürfnis und erfülle es! Es ist sehr schwer,

etwas zu verkaufen, das niemand braucht. Du mußt daher überzeugt sein, daß die Menschen das, was du anzubieten hast, wirklich brauchen.

2. Da du der Überbringer deines Angebotes bist, mußt du, ehe du deine Produkte oder Dienstleistungen verkaufen kannst, deinen Kunden für dich selber gewinnen.

3. Du mußt verkaufen wollen! Du mußt von deiner Aufgabe ernsthaft gepackt sein, Waren oder Dienste zu verkaufen, die einem Bedürfnis entsprechen.

4. Du mußt voller Begeisterung sein – voller Begeisterung für deine Arbeit und für die Menschen, mit denen du zu tun hast!

5. Du darfst in deiner Begeisterung aber nicht so weit gehen, daß sie Anstoß erregt. Das würde nur Widerstand erwecken und nicht verkaufen.

6. Sieh zu, daß deine wohldosierte Begeisterung nie erlahmt!

7. Sei nicht bloß halb bei der Sache! Gib alles, was du hast, setz dich ganz ein! Das ist der einzige Weg, der zum Erfolg führt.

8. Konzentriere dich – denke nach! Halte deinen Geist rege und auf deine Tätigkeit gerichtet! Nachdenken bringt Ideen, und Ideen helfen verkaufen.

9. Entwickle deine Kontaktfähigkeit! Habe Verständnis für deine Mitmenschen und liebe sie! Dann werden sie auch dich liebgewinnen und gerne bei dir kaufen.

10. Plane deine Arbeit und arbeite nach deinen Plänen! Bitte Gott um seinen Beistand!

11. Denke immer daran, daß Verkaufen die wichtigste Tätigkeit im Wirtschaftsleben eines Landes ist! Wisse, daß du ein Sachwalter des freien Unternehmertums und der Freiheit bist! Sei stolz darauf, ein Verkäufer zu sein!

Begeisterung überzeugt und Überzeugung verkauft

Seit meiner Knabenzeit fasziniert mich alles, was mit Verkaufen zu tun hat. Immer wollte ich verkaufen – irgend etwas an irgendwen –, immer wollte ich Menschen etwas anbieten, das für sie von Wert war, das sie brauchen konnten. So half ich während einiger Zeit nach der Schule in einer Konditorei aus und verkaufte Süßigkeiten – wenigstens die, welche ich nicht selber aß. Ich arbeitete in einem Lebensmittelgeschäft und verdiente mir eine hübsche Summe, weil ich mir jeweils überlegte, was die Kundinnen wohl noch alles brauchen könnten, und nicht bloß das von den Regalen nahm, was sie verlangten. Ich warb für den »Cincinnati Enquirer« und arbeitete früh und spät, um möglichst viele neue Abonnenten zu gewinnen, was mir auch gelang.

Während meiner Laufbahn als junger Verkäufer verkaufte ich auch Herrenanzüge im Geschäft meines späteren Freundes Emil Geiger. Einige Jahre vorher hatte er in Bellefontaine, Ohio, eines der besten Herrenmode-Geschäfte eröffnet. Emil war einer der gewandtesten Männer in der Kunst der Menschenbehandlung, die mir je begegneten. Seine Artikel waren erstklassig, und er hatte eine echte Liebe zu ihnen. Für ihn waren sie die besten, die es überhaupt gab.

Mit unermüdlicher Geduld suchte er für einen Kunden das aus, was diesem am besten stand, und lieber hätte er einem Kunden gesagt, er möge sich woanders umsehen, als daß er ihm etwas verkauft hätte, das nicht in jeder Beziehung das richtige war. Ich habe sogar erlebt, daß er Konkurrenten telefonierte und sie bat, seine Kunden zu bedienen, wenn er selber das Richtige nicht auf Lager hatte. Die Leute kamen immer wieder zu ihm zurück, weil sie Vertrauen zu ihm hatten. Er wußte, wie man verkauft und, was vielleicht noch wichtiger ist, wie man sich die Treue seiner Kunden sichert. Ehrlichkeit und Rechtschaffenheit waren die Kennzeichen dieses Mannes, eines der besten Verkäufer, die ich je traf.

Er war in seiner Art wie der verstorbene Amos Sulka, der Besitzer des berühmten New Yorker Herrenmodegeschäftes, der ebenfalls zu meinen Freunden zählte. Sulka erzählte mir, daß William Randolph Hearst, der Eigentümer des Hearst-Zeitungskonzerns, einmal in sein Geschäft kam, um neue Hemdenkragen zu kaufen. Sulka fand, daß die Kragen, die Mr. Hearst trug, diesem nicht gut standen und außerdem recht altmodisch waren. Er empfahl ihm daher eine andere Art

Kragen. Hearst fuhr hoch: »Ich weiß, was ich will. Wollen Sie mir das verkaufen oder nicht?«

Sulka, gelassen, freundlich und höflich wie immer, blieb fest. Aber er wußte, wie er seinen Standpunkt vertreten mußte. »Mr. Hearst«, sagte er zu dem großen, finster blickenden Verleger, »Sie sind der größte Zeitungsverkäufer der Welt. Sie wissen, was die Leute brauchen, und Sie verkaufen ihnen, was sie brauchen. Ich, Sulka, bin der größte Herrenmodeverkäufer der Welt. Ich weiß ebenfalls, was die Leute brauchen; ich bin der Fachmann, der beurteilen kann, was einem Mann steht und was nicht.«

Die Blicke dieser beiden ausgeprägten Persönlichkeiten, der beiden Super-Verkäufer, trafen sich. Sulkas Blick wich nicht. »Ich möchte, daß Sie so gut wie möglich gekleidet sind, und das sind Sie nur mit den Kragen, die ich Ihnen empfehle.«

Hearst grinste. »In Ordnung, Sie alter Egoist. Geben Sie mir die Kragen, die Sie für richtig halten.«

Sulka kannte seine Artikel, und er wußte, was für wen das richtige war. Er machte keine Kompromisse; und er fürchtete sich auch nicht vor einem weltberühmten Kunden. Er war kein Duckmäuser. Seine Begeisterung, seine Ehrlichkeit und seine Rechtschaffenheit, gepaart mit überragenden Fachkenntnissen, machten ihn zu einem großartigen Verkäufer.

Doch kehren wir zu Emil Geiger zurück. Er sagte einmal zu mir: »Du wirst immer ein Verkäufer sein, Norman, aber du wirst geistige Werte verkaufen. Du wirst Religion ›verkaufen‹, denn du willst Pfarrer werden. Darum möchte ich dir einen Rat geben. Gib den Menschen eine Religion, die auf dem Boden der Wirklichkeit steht, eine, die ihnen im täglichen Leben hilft. Und vor allem, glaub selber daran, mach dir nichts vor. Und wenn du dann deine ganze Begeisterung, all deine Überzeugungskraft hineinlegst, dann wird man dir auch glauben, was du zu sagen hast.«

Emil war Jude, und doch kam er später hin und wieder in meine New Yorker Kirche. Er klopfte mir jeweils väterlich auf die Schulter und sagte: »Gib ihnen das Richtige; gib ihnen das, was sie brauchen. Geh aus dir heraus, begeistere, überzeuge – das verkauft.« Und Emil hatte recht, denn lebendiges Christentum zu predigen und zu lehren ist tatsächlich eine Art von Verkaufen. Versucht man doch auch hier, Menschen dazu zu bringen, eine Botschaft anzunehmen, und sie vom rechten Weg zu überzeugen.

Ich verkaufe Kochtöpfe und Pfannen

Eine viele Jahre zurückliegende Verkaufserfahrung hat mich gelehrt, wie Begeisterung und Überzeugungskraft Kontakt schaffen und positive Resultate erzielen können. Als Student suchte ich mir jedes Jahr während der Sommermonate eine Beschäftigung. So wurde ich einmal Haus-zu-Haus-Verkäufer für Aluminiumkochtöpfe, wobei ich hin und wieder Kochvorführungen inszenieren mußte, um die Vorteile dieser damals neuartigen Töpfe und Pfannen zu erklären. Die Idee bestand darin, Hausfrauen, die für ihre Kochkunst bekannt waren, dazu zu bringen, einige Frauen aus der Nachbarschaft zu einem kleinen Essen einzuladen. Bei dieser Gelegenheit konnte ich dann ein Verkaufsgespräch über die Vorteile meiner Kochtöpfe führen.

Als großer Verehrer der Ohio-Indiana-Küche, deren Spezialität gebratenes Huhn mit Sauce und Kartoffelbrei ist, war ich natürlich begeistert von dieser Aufgabe. In Gedanken sah ich schon, wie meine Begeisterung die Frauen ansteckte und mein Bestellbuch anschwoll.

Aber dieser frostige Haus-zu-Haus-Verkauf! Er verlangte besonderen Mut, Ausdauer und eine gewaltige Überzeugungskraft. Ich wohnte damals in Greenville, Ohio, und beschloß, mit meiner Arbeit in der Nachbarstadt Union City im Staate Indiana zu beginnen. Zögernd fing ich in einer, wie mir schien, vielversprechenden Straße an, nachdem ich mit billigen Entschuldigungen schon an einigen vorübergegangen war.

Das erste Haus sah etwas heruntergekommen aus. Ich sagte mir: »Diese Leute sind nicht fortschrittlich genug, um Aluminiumwaren zu kaufen«, und ging weiter. Das nächste Haus war gepflegt und sauber, so daß ich beschloß: »Diese Leute sind bestimmt fortschrittlich; sie werden schon Aluminiumtöpfe haben.«

Da wurde mir auf einmal bewußt, daß meine Denkweise von meinen Hemmungen und meiner Angst bestimmt wurde, und ich nahm mein Herz in beide Hände. Ich stieg die Treppe empor und rief mir dabei nochmals das Verkaufsgespräch in Erinnerung, das man mir zusammen mit dem Musterkoffer auf den Weg gegeben hatte. Ich betete, daß niemand zu Hause sein möge, und drückte zaghaft auf die Klingel. Mit einem Schwung flog die Tür auf, und vor mir stand die stämmigste Frau – so schien es mir wenigstens –, die ich je gesehen hatte.

»Was wollen Sie?« schnauzte sie mich an.

»Sie brauchen wohl keine Aluminiumtöpfe?« brachte ich mit zitternder Stimme hervor.

»Natürlich nicht!« entgegnete sie barsch und schlug die Türe zu.

Niedergeschlagen schleppte ich mich und meinen Musterkoffer nach Hause. Ich war aber nicht bereit, mich mit meinem Versagen einfach abzufinden, und ging zu meinem Freund Harry. »Hast du schon einmal Aluminiumwaren verkauft?« fragte ich ihn, und als er verneinte, ließ ich los: »Was, du hast noch nie Aluminiumwaren verkauft? Das ist doch das beste Geschäft, das es überhaupt gibt!« Meine Begeisterung riß ihn hin, und im Nu hatte ich ihn zur Hälfte an meiner Vertretung beteiligt. Ich überließ ihm das Verkaufsgespräch zum Studium, und wir vereinbarten, daß wir früh am nächsten Morgen mit der Arbeit in Union City beginnen wollten.

Am nächsten Tag verließen wir den Autobus an der Stelle meiner schmählichen Niederlage des vorangegangenen Nachmittags. »Wollen wir hier beginnen?« fragte mich Harry.

»Nein«, erwiderte ich, »diese Straße können wir überspringen; ich habe sie gestern bereits durchgearbeitet.«

Als wir zur nächsten Straße kamen, empfand ich

plötzlich ein völlig neues Gefühl der Begeisterung und des Selbstvertrauens. Zweifellos war daran die Gegenwart meines Freundes schuld. »Du arbeitest auf dieser Straßenseite, ich auf jener«, bestimmte ich. »Und höre – nimm ein Nein nie als endgültige Antwort. Sei begeistert – überzeuge! Jede Hausfrau braucht unsere Waren, und an dir liegt es, ihr das klarzumachen.«

Voller Freude ging ich auf die erste Haustüre zu. Ich war im Begriff, eine Hausfrau zu überzeugen, etwas zu kaufen, das sie brauchte und das ihr langwährende Zufriedenheit schenkte. Es war regelrecht aufregend. Als ich die Klingel drückte, winkte mir Harry von der anderen Straßenseite mit der Hand und rief mir zu: »Verkauf ihr, alter Junge!«

Eine freundliche Frau öffnete die Türe. Bald war ich in ihrer Küche, und während ich ihr beim Geschirrtrocknen half, redete ich von nichts anderem als von den hervorragenden Eigenschaften und den Vorzügen meiner Aluminiumwaren. Ich geriet geradezu ins Schwärmen. »Doch, doch, junger Mann, ich sehe, Sie sind wirklich begeistert. Wie kann man sich für Küchengeräte bloß so ereifern?« Diese Frage löste bei mir eine Flut von wissenschaftlichen Erkenntnissen über das Kochen aus, so daß die Frau vor Staunen den Mund zu schließen vergaß. Sie unterschrieb die Bestellung und dankte mir ohne Unterlaß, während sie mich zur Türe begleitete.

Mit dieser Frau blieb ich bis zu ihrem Tode befreundet. Als sie einmal, Jahre nachdem wir uns kennengelernt hatten, in eine meiner Predigten kam, sagte sie zu mir: »Sie verkaufen das Evangelium mit derselben Begeisterung und Überzeugungskraft, mit der Sie mir seinerzeit Ihre Töpfe und Pfannen verkauften. Einige davon benütze ich übrigens heute noch; sie sind tatsächlich so gut, wie Sie damals behaupteten.«

»Ja«, antwortete ich, »und das gilt auch für das Evangelium, dessen Fürsprecher ich heute bin.« »Das allerdings«, lächelte sie, »habe ich schon vor langer Zeit gekauft.«

Begeisterung verhilft zu einem besseren Leben

Begeisterung und Überzeugungskraft können jedem von uns zu einem besseren und erfolgreicheren Leben für sich und die Seinen verhelfen. Meine Mutter starb vor mehr als fünfundzwanzig Jahren, doch ich bin überzeugt, daß alles, was ich heute an Schöpferischem leiste, seinen Ursprung in ihrer überzeugenden Begeisterungsfähigkeit während meiner Knabenjahre hat.

Eigentlich war meine Mutter ja auch eine Verkäuferin; sie hatte etwas zu geben. Ihre Hingabe galt den Menschen, ihrer Eigenart und den in ihnen schlummernden Möglichkeiten. Sie verstand es meisterhaft, jungen Menschen die Augen für die Schönheiten des Lebens zu öffnen. Sie hatte die großartige Fähigkeit, in anderen Menschen Feuer zu entfachen, Feuer, die zum Denken und Handeln antrieben. Und natürlich war die Wirkung ihres sprühenden Geistes auf ihre eigenen Kinder ganz enorm. Jede Mahlzeit bei uns daheim war ein aufregendes Erlebnis. Mutter wußte immer spannend und begeistert von allem zu erzählen, was in unserer Stadt und in der weiten Welt vorging.

Sie war in der Frauenmission tätig und für ein großes Gebiet zuständig. Sie erhielt Briefe von Missionarinnen aus aller Welt und war mit dem Geschehen und mit Bewegungen in vielen Ländern in ständiger Verbindung. Sie bereiste die ganze Welt und stand mehr als einmal in China und anderswo mitten in von Banditenhorden heimgesuchten oder vom Krieg verwüsteten Gebieten. Wenn sie ihren drei Jungen von ihren Erlebnissen erzählte, tat sie es nie, ohne uns vor Augen zu führen, daß wir unsere Persönlichkeit entwickeln und etwas aus uns machen müßten, um so eines Tages zu einer besseren Welt beitragen zu können. Und was sie sagte, überzeugte, denn es war wahr und richtig und wurde getragen von der Kraft ihrer Begeisterung.

Auch Mütter und Väter sollten verkaufen können, denn sie müssen ihren Kindern das richtige Empfinden für ein erfülltes, schöpferisches Leben vermitteln. Tun sie es nicht, dann wird vielleicht eines Tages irgendein trauriger Kerl ihren Kindern weismachen, das Leben sei sinnlos, und sie auf den LSD-Weg oder sonst irgendwie ins Verderben führen.

Die Frau von Ramsay MacDonald, dem früheren englischen Premierminister, bat auf dem Totenbett ihren Mann: »Gib unseren Kindern Ideale und Begeisterung mit auf den Lebensweg, dann kann nichts schiefgehen.«

Begeisterung ist eine der Voraussetzungen für ein glückliches Leben. Sie besitzt die Macht, auch dem Alltäglichen Gewicht und Bedeutung zu geben. Wir leben in einer Zeit, in der manche, die durch ihre Ausbildung und andere glückliche Umstände begünstigt sind, weil sie nur den im Laufe der Jahrhunderte erworbenen Wohlstand kennen, der Ansicht sind, das Leben sei sinn- und wertlos. Wenn wir diesen Menschen gegenüber das Wort Begeisterung erwähnen, dann zieht Unverstand über ihr Gesicht. Ja der bloße Hinweis auf Begeisterung wird in manchen Kreisen als naiv, wenn nicht gar als kitschig angesehen. Ich muß daher offen zugeben, daß es nicht der günstigste Zeitpunkt ist, der Begeisterung das Wort zu reden.

Oder ist er es etwa gerade deswegen? Wie auch immer, Begeisterung ist gewiß nicht ein anerkannter Wert in unserer Zeit.

Der Schriftsteller James Dillet Freeman sagt: »Wir leben in einer Zeit des Aufruhrs gegen die Vernunft, des Aufruhrs gegen das Schöne, des Aufruhrs gegen die Freude. Viele finden das Leben mies. Vor allem Intellektuelle finden das. Kultivierte Menschen. Gebildete Menschen. Menschen, die Bücher lesen – und sogar Menschen, welche sie schreiben –, Künstler, Wissenschaftler, Lehrer und Studenten.«

Haben wir es nicht herrlich weit gebracht, daß man anscheinend ohne Freude und ohne Begeisterung dahinleben und das Leben überhaupt qualvoll finden muß, um als gebildeter Mensch zu gelten?

Braucht es Mut, um begeistert zu sein?

Kürzlich saß ich bei einem Essen neben einer bemerkenswerten Frau, der Richterin Mary Kohler, die für Menschen auf der Schattenseite des Lebens eine gewaltige Arbeit leistet, besonders für Kinder in den Judenvierteln von New York. Obwohl sie schneeweiß ist, wirkt sie unglaublich jugendlich; ihr Gesicht strahlt einen bezaubernden Reiz aus. Dazu ist sie überaus geistreich und eine angesehene Wissenschaftlerin. Sie erkundigte sich, woran ich zur Zeit arbeite, und als ich ihr antwortete, daß ich ein neues Buch schreibe, sagte sie: »Das ist aber interessant! Und wie heißt der Titel?«

»Was Begeisterung vermag.«

»Verstehen Sie denn etwas davon?« rief sie aus. »Aber ich finde es auf alle Fälle wunderbar! Ich beglückwünsche Sie zu Ihrem Mut, in der heutigen Zeit ein Buch über die Begeisterung zu schreiben.«

Was sie sagte, überraschte mich. Braucht es wirklich Mut, ein Buch über die Begeisterung zu schreiben? Vielleicht schwimme ich gegen den Strom, zum mindesten gegen den Strom des heute sogenannten intellektuellen Denkens. Aber ich schreibe ja nicht für einige wenige, sondern für die vielen Menschen, die wissen und daran glauben, daß das Leben etwas Wundervolles ist.

Liebe macht begeistert

Und wie wird man denn begeistert? Ganz einfach, indem man das Leben liebt. Indem man die Menschen liebt; indem man den Himmel liebt, unter dem man lebt; indem man alles Schöne liebt; indem man Gott liebt. Ein Mensch, der liebt, wird von selbst begeistert. Bei ihm zündet der Funke; er sprüht vor Lebensfreude; sein Leben erhält einen Sinn. Wem es an Begeisterung fehlt, der soll gleich anfangen, sich darin zu üben, das Leben zu lieben. Wie Fred zum Beispiel.

Es war in Detroit in einer kalten Winternacht. Etwa um halb zehn kam ich ins Hotel, und da ich noch nichts gegessen hatte, fragte ich den Mann am Empfang: »Gibt es hier im Hotel ein Restaurant, wo ich zu dieser Zeit noch ein Sandwich und eine Tasse Kaffee bekommen kann?«

»Ich kann Ihnen etwas aufs Zimmer bringen lassen«, gab er zur Antwort und hielt mir eine Speisekarte hin.

Ich bin ein sparsamer Mensch, und als ich sah, daß das billigste Sandwich zweieinhalb Dollar und ein Kaffee fünfunddreißig Cent kostete, fragte ich weiter: »Gibt es nicht in der Nähe ein kleines Speiselokal?«

»Doch, drüben auf der anderen Straßenseite, es heißt Fred's. Es sieht zwar nach nichts Besonderem aus, aber das Essen ist ausgezeichnet.«

So ging ich also zu Fred's. Der Mann hatte recht gehabt, weder außen noch innen sah es verlockend aus. An der Theke saßen ein paar schäbig aussehende alte Männer, und als ich mich hinsetzte – war es einer mehr! Hinter der Theke stand ein kräftiger Bursche mit aufgerollten Hemdsärmeln, die seine behaarten Arme freiließen. Das Lokal hatte keinerlei Stil, und trotzdem fühlte ich mich augenblicklich wohl.

Der Bursche stützte eine seiner Hände auf die Theke und fragte mich: »Nun, Freund, was soll es sein?«

»Sind Sie Fred?«

»Jawohl!«

»Im Hotel drüben hat man mir gesagt, es gebe bei Ihnen gute Hamburger.«

»Freund, solche Hamburger haben Sie noch nie gegessen!«

»Na schön, ich bin gespannt.«

Weiter unten an der Theke saß ein elend aussehender alter Mann. Seine Hände zitterten; ob aus Nervosität oder weil er zuviel getrunken hatte, konnte ich nicht sagen. Aber nachdem Fred mir meine Hamburger gebracht hatte, ging er hin und legte seine Hand auf die des Alten. »Schon gut, Bill«, sprach er, »schon gut. Ich hol' dir einen Teller heiße Suppe, die du so gerne magst. Wie wär' das?« Bill nickte dankbar.

Eine oder zwei Minuten später stand ein anderer alter Mann, der an einem kleinen Tisch gesessen hatte, auf und schlurfte zur Theke, um zu zahlen. Fred sagte zu ihm: »Mr. Brown, geben Sie acht auf die Autos, wenn Sie über die Straße gehen; sie fahren schnell. Und werfen Sie einen Blick auf den Mondschein über dem Fluß; er ist zauberhaft heute nacht.«

Ich empfand Bewunderung für Fred – dieser Mann liebte seine Mitmenschen, und wenn seine Herzlichkeit auch beinahe grob wirkte, so war sie doch echt. Seine Art, wie er mit den Leuten sprach, war rührend. Fred war aber auch ein guter Geschäftsmann, denn nun wandte er sich wieder mir zu: »Jetzt müssen Sie noch ein Stück von meinem traumhaften Kuchen versuchen. Sehen Sie sich das an – sieht er nicht wundervoll aus?

Den backe ich jeden Tag selber.«

»Sicher ist er ausgezeichnet; aber ich besitze das, was man Willenskraft nennt.«

»Das ist ja das Elend mit manchen von euch. Wie kann ich da noch existieren?« Aber er lachte herzhaft, als er das sagte.

Ich bemerkte zu ihm: »Wissen Sie was, mein Freund? Ihre Art, wie Sie mit diesen alten Männern reden, gefällt mir. Sie verstehen es, ihnen das Gefühl zu geben, daß das Leben trotz manchem Widerwärtigem eben doch schön ist.«

»Warum denn nicht?« fragte er. »Ich liebe doch das Leben. Diese alten Knaben haben es recht schwer, und da bin ich froh, wenn ich ihnen hier eine Art Heim bieten kann. Irgendwie mag ich sie einfach.«

Beschwingt, wie seit langem nicht mehr, spazierte ich in mein Hotel zurück. Ich war glücklich; ich hatte in einem unbedeutenden Lokal etwas Wunderbares kennengelernt – die Gesinnung eines Mannes, der das Leben liebt, eines Mannes, der seinen Mitmenschen dank seiner Begeisterung die Gewißheit gibt, daß das Leben schön ist.

Wir wollen das Leben nicht herabwürdigen, indem wir all das aufzählen, was nicht in Ordnung ist. Vieles ist nicht in Ordnung, und wir wollen uns dafür einsetzen, es – soweit es in unserer Kraft liegt – in Ordnung zu bringen. Daher müssen wir unser Sinnen auf das ausrichten, was an unserem Dasein gut ist. Und das Leben ist gut – viel besser jedenfalls, als nicht zu leben, finde ich. Unser Leben auf dieser wunderbaren Erde ist ohnehin kurz. Heute leben wir – morgen nicht mehr. Und darum wollen wir das Leben lieben, es mit aller Kraft unserer Begeisterung lieben, solange wir können.

Er hatte Psychosklerose!

Eines Tages nahm ich mit zwei Bekannten in New York ein Taxi. Dabei erlebte ich etwas höchst Aufschlußreiches. Meine Bekannten und ich grüßten den Taxifahrer freundlich, machten eine Bemerkung über das schöne Wetter und fragten ihn, wie es ihm gehe und wie er mit dem Geschäft zufrieden sei. Auf jede dieser Fragen reagierte der junge Mann mit einem mürrischen und unfreundlichen Grunzen. Schon beim Einsteigen war mir aufgefallen, daß er ein düsteres, bedrücktes Gesicht machte. Er war offensichtlich in einer niedergeschlagenen Stimmung.

Während unseres Gesprächs redeten mich meine zwei Bekannten wiederholt mit »Doktor« an. Der Fahrer schloß daraus offenbar, daß ich Arzt sei, und wollte die Gelegenheit benutzen, um sich kostenlos medizinisch beraten zu lassen. Während einer Gesprächspause fiel er daher ein: »Doktor, können Sie mir wohl einen Rat geben?«

»Was für einen Rat?«

»Sehen Sie«, fuhr er fort, »ich habe Schmerzen im Rücken; ich habe Schmerzen in der Seite; ich schlafe schlecht; ich bin immer müde und fühle mich überhaupt nicht gut. Was fehlt mir wohl? Könnten Sie mir etwas empfehlen, das mir hilft?«

»Nun«, antwortete ich mit einem ärztlichen Nimbus, »ich muß schon sagen, daß ich in der Regel nicht in einem Taxi praktiziere, aber ich will gerne einmal eine Ausnahme machen und Ihnen raten, so gut ich kann. Obwohl ich nicht gerne Diagnosen aus dem Handgelenk stelle, scheint mir doch, als ob bei Ihnen alle Anzeichen einer Psychosklerose vorhanden seien.«

Als er das hörte, fuhr er beinahe gegen den Randstein. Vermutlich tönte es nach einer ganz besonders schweren Krankheit. Besorgt erkundigte er sich: »Was ist das, Psychosklerose?«

Ich war nicht mehr so selbstsicher, aber dennoch fuhr ich fort: »Sie haben bestimmt schon von Arteriosklerose gehört, nicht wahr?«

»Möglicherweise. Was ist das genau?«

»Arteriosklerose ist eine Verhärtung der Arterien – Arterienverkalkung. Jede Art von Sklerose ist eine Verhärtung – entweder der Arterien oder des Gewebes. Und was Sie haben, ist Psychosklerose, eine Verhärtung Ihrer Denkweise, Ihrer Geisteshaltung. Es ist ein Mangel an geistiger Beweglichkeit. Das ist eine entsetzliche Krankheit und ohne Zweifel die Ursache Ihrer Leiden und Schmerzen. Wie alt sind Sie?«

»Fünfunddreißig.«

»Mit fünfunddreißig sollte man noch nicht von solchen Leiden geplagt sein; sie kommen weitgehend von Ihrer Psychosklerose.« Psychosklerose – ich prägte das Wort selbst – beschreibt treffend den Zustand vieler Menschen, die keine Interessen mehr haben und deren Denkweise eng und unbeweglich geworden ist. Und eines der wirksamsten Gegenmittel gegen dieses seelische Leiden ist Begeisterung.

Wenn ein Mensch zur Welt kommt, dann gibt ihm Gott Begeisterung mit auf den Lebensweg. Während seiner Kindheit ist er voller natürlicher Erregung, voller Staunen und Freude über alles, was um ihn her vorgeht. Alles ist neu für ihn, faszinierend und beglückend. Doch wenn er älter wird, wird er anspruchsvoll, blasiert, zynisch, und seine Denkweise verhärtet sich. Er verliert eines der wertvollsten Elemente der menschlichen Veranlagung – die Begeisterung. Huxley sagt, die wahre Lebenskunst bestehe darin, den Schwung der Jugend ins hohe Alter mit hinüberzunehmen. Das heißt nichts anderes, als daß wir uns die natürliche, von Gott geschenkte Begeisterung bewahren müssen. Ein Arzt sagte mir einmal: »Ich habe Menschen wegen Mangels an Begeisterung sterben sehen. Natürlich kann ich das nicht auf den Totenschein schreiben, aber Menschen ohne Begeisterung können tatsächlich den Lebenswillen verlieren.«

Viele Menschen versagen im schöpferischen Verkauf, in der Geschäftsführung, ja in jeder Art von Führungstätigkeit, weil sie Opfer der Psychosklerose, der Verhärtung ihrer Denkweise, sind. Neue Methoden, fortschrittliche Ideen, Anpassung an andere Zeiten und Gegebenheiten können starre, festgefahrene Schablonen nicht durchbrechen.

Natürlich gestand ich dem Taxifahrer, daß ich kein Arzt sei, sondern eher ein Spezialist für seelische Probleme, für Fragen der inneren Einstellung. Aber ich versicherte ihm, daß auch die meisten Ärzte für unsere Gesundheit wesentliche Zusammenhänge zwischen Geist, Seele und Körper sehen.

Ich sandte dem Mann ein Exemplar meines Buches »Die Kraft positiven Denkens«*, und er befolgte getreulich die darin beschriebenen Grundsätze richtiger innerer Einstellung. Eines Tages kam er guter Dinge zu mir, um mir lachend zu sagen, daß seine »Psychosklerose« tatsächlich im Schwinden begriffen sei. Und er fügte hinzu: »Es ist wirklich erstaunlich, wie ich mich gleich schon viel besser fühlte, als ich meine Denkweise in Ordnung gebracht hatte.« Er zeigte auch schon gewisse Anzeichen von Begeisterung, und ich bin überzeugt, daß das ganz unmittelbar die Folge seiner neuen Einstellung dem Leben gegenüber war.

Begeisterung muß, um wirksam zu sein, ein Ziel haben; sie muß auf die Erreichung eines bestimmten Zwecks, auf bestimmte Absichten ausgerichtet sein. Lediglich unbestimmt, ganz allgemein begeistert zu sein, kann allenfalls zur Entwicklung einer aufgeweckten, fröhlichen und anziehenden Persönlichkeit beitragen, aber nicht jene tiefe Wirkung hervorbringen, die Wünsche Wirklichkeit werden läßt.

John Bowles, Vizepräsident von Beckman Instruments, erzählte mir einmal von einem Vertreter, der während sechs Monaten regelmäßig jeden Dienstagmorgen einen bestimmten Kunden besuchte. Homer, so hieß der Mann, sprühte dabei immer vor Lebhaftigkeit,

---

* Oesch Verlag AG, Zürich

sprach begeistert über Segeln und Golf und verabschiedete sich jeweils mit den Worten: »Ich denke, Sie brauchen wohl nichts.«

Sam, der Kunde, schätzte Homer mit der Zeit immer mehr. Die beiden spielten jeweils an Samstagnachmittagen zusammen Golf, und zuweilen war Sam Gast auf Homers Segelboot. Homer sprach immer begeistert von diesem und jenem und war ein ausgesprochen angenehmer Gesellschafter.

Eines Tages, als sie sich nach einer Runde Golf im Clubhaus ausruhten, sagte Homer: »Ich begreife es nicht, Sam. Seit sechs Monaten besuche ich Sie jede Woche, und wir sind doch recht gute Freunde geworden, aber noch nie haben Sie mir etwas abgekauft.«

»Das kann ich leicht erklären«, antwortete Sam. »Sie haben mir noch nie gesagt, was Sie verkaufen. Sie haben mich noch nie wirklich aufgefordert, etwas bei Ihnen zu kaufen.«

Schade für all die Begeisterung, für all die Überzeugungskraft, die da verlorenging! Immer nur dieses »Ich denke, Sie brauchen wohl nichts«, ohne dem Kunden überhaupt je zu sagen, was man verkauft. Ich weiß, es tönt unglaublich, aber es ist bezeichnend für so viele planlose, ziellose Anstrengungen, die unweigerlich verpuffen müssen. Eines ist sicher: Niemand hat je Geld verdient, niemand hat je etwas verkauft, niemand konnte je Hilfe erhalten, ohne darum zu bitten. Die Bibel sagt: »Bittet, so wird euch gegeben.« Die stärkste Überzeugungskraft ist nutzlos, wenn ihr Zweck nicht klar ist. Ohne ein festes Ziel vor Augen und ohne den festen Willen, dieses Ziel zu erreichen, kann niemand Erfolg haben.

Nicht nur halb bei der Sache sein!

Vor einigen Jahren hatte ich im Hotel Sherman in Chicago eine merkwürdige Begegnung. Ich hatte auf einer Tagung gesprochen und befand mich in meinem Zimmer, als mir eine Frau telefonierte und mir ohne Umschweife sagte, daß sie mit ihrem Mann bei mir vorbeikommen werde. Ihr Ton war so bestimmt, daß ich nicht anders konnte, als einzuwilligen. Und als ich sie sah, zeugte auch der Blick der Frau von derselben Entschlossenheit. Sie redete ihren Mann mit Charley an und forderte ihn auf, sich zu setzen – und Charley setzte sich. Dabei war die Frau nur halb so groß wie ihr Mann.

»Ich muß Sie bitten, etwas für Charley zu tun«, sagte sie zu mir in einem Ton, der erkennen ließ, daß sie sich seit Jahren um Charley bemüht, es jetzt aber aufgegeben hatte.

Charley machte den Eindruck eines netten, umgänglichen, liebenswürdigen Mannes, war aber, wie ich später feststellte, undiszipliniert, ziellos und ein Versager in seiner Verkaufstätigkeit. Seine Firma hatte ihm gegenüber eine außergewöhnliche Geduld bewiesen. Ich traf ihn während einiger Monate in regelmäßigen Abständen und lernte ihn auf diese Weise recht gut kennen. Mit der Zeit fiel mir auf, daß er eine stehende Redewendung hatte, die er immer wieder gebrauchte. Und zwar derart, daß ich dabei an eine Grammophonnadel denken mußte, die in einer Rille steckengeblieben war. Zum Beispiel erzählte Charley etwas aus seiner beruflichen Tätigkeit, und dann fügte er unweigerlich hinzu: »Wissen Sie, ich bin halb und halb entschlossen, in dieser Sache etwas zu unternehmen.« Oder »Ich habe halb im Sinn, der Sache nachzugeben.« Als ich ihn einmal bat, in Zukunft positiver zu denken, antwortete er: »Ich bin halb der Ansicht, daß ich das tun sollte.« Endlich sagte ich zu ihm: »Ich weiß, was Ihnen fehlt, Charley. Sie sind immer nur halb bei der Sache. Alles, was Sie tun sollten, nehmen Sie sich halb vor. Aber niemand kommt auf dieser Welt voran, der sich alles nur halb vornimmt. Wir müssen aufs Ganze gehen, wir müssen stets unsere ganze Kraft einsetzen – die Hälfte ist nicht genug!«

Erst als Charley begann, ganz bei der Sache zu sein, kam er im Leben voran. Plötzlich entwickelten sich seine Fähigkeiten, und als er anfing, wirklich seine ganze Kraft in seine Arbeit zu legen, erzielte er als Verkäufer Spitzenumsätze.

Erfolgreich zu sein verlangt, alles zu geben – alles, was man hat. Nur diejenigen Menschen bringen es im Leben weiter, die neben ihrer Begeisterung auch außergewöhnliche Anstrengungen in ihrer Arbeit machen. Ein Freund von mir, John Imre, ist Verwalter unserer Farm Quaker Hill in Dutches County. Er hat daraus einen wunderschönen Sitz gemacht und unterhält ihn prächtig. Aber er setzt sich auch ganz dafür ein, und nie ist ihm eine zusätzliche Arbeit zuviel. Jedes Problem studiert er sorgfältig, und darum trifft er auch meistens die richtige Entscheidung.

John und seine Frau Maria sind Flüchtlinge aus Ungarn. Sie sind in unserer Gemeinde sehr angesehen und erhielten kürzlich das amerikanische Bürgerrecht. Er ist in seiner Arbeit erfolgreich, weil er alles ganz tut, nicht halb. Auch für ihn könnte gelten, was ein bekannter Leichtathletiktrainer kürzlich sagte: »Menschen, die aufs Ganze gehen, erzielen Spitzenleistungen, nicht solche, die sich nur halb einsetzen.«

Auch etwas anderes verlangt den vollen Einsatz unserer Begeisterung, unserer Überzeugungskraft. Die schwierigste Aufgabe, die sich einem Verkäufer stellt, ist wohl die, an sich selber zu glauben, zu sich selber zu stehen. Sich so weit zu bringen, daß man sich selber begeistert annimmt. An sich selber, an seine Fähigkeiten, Talente, Gaben unerschütterlich zu glauben, verlangt unendliche Begeisterung und Überzeugungskraft.

Es ist tragisch, wie viele Menschen sich selbst nicht richtig einschätzen, sich ihrer Fähigkeiten nicht bewußt sind und unter einem vollkommen unbegründeten Minderwertigkeitskomplex leiden. Gewiß gibt es auch marktschreierische, egozentrische Selbstverherrlicher, aber es sind verschwindend wenige im Vergleich zu den vielen, die ständig gegen Zweifel an sich selbst und gegen Gefühle der Unzulänglichkeit anzukämpfen haben. Wenn wir einen Menschen dazu bringen, seine Überzeugungskraft für sich selbst einzusetzen, dann stellen wir mit Erstaunen fest, wie weit dieser Mensch es bringen kann.

Im Waschraum des Flugzeugs

Das folgende ist vielleicht das seltsamste Erlebnis, das mir bei der Beratung von Menschen je widerfahren ist. Es war in einem vollbesetzten Flugzeug zwischen New York und Chicago. Ich ging nach vorne in den Waschraum, und wie ich die Türe schließen wollte, bemerkte ich, daß noch jemand sich anschickte einzutreten. Ich trat zurück, um diesem Mann den Vortritt zu lassen, doch zu meiner Überraschung sagte er: »Ich möchte unter vier Augen mit Ihnen reden, und da das Flugzeug überfüllt ist, können wir uns vielleicht im Waschraum unterhalten.«

Nun, ich war etwas mißtrauisch und ließ die Türe angelehnt für den Fall, daß es mir ratsam scheinen sollte, rasch loszukommen. »Was wollen Sie?« fragte ich den Mann und versuchte dabei, ihn einzuschätzen.

»Ich fühle mich elend und schwach. Ich glaube, meiner Arbeit nicht gewachsen zu sein. Ich habe kein Selbstvertrauen. Ich leide unter entsetzlichen Minderwertigkeitsgefühlen.«

Ich wollte Näheres über den seltsamen Eindringling wissen und erkundigte mich: »Was ist Ihr Beruf?«

»Ich bin nur ein Hausierer; ein ganz gewöhnlicher Hausierer.«

»Und was verkaufen Sie?«

Seine Antwort überraschte mich sehr: »Ich bin nicht mehr direkt im Verkauf tätig. Meine Chefs schicken mich durch das ganze Land, um an Vertreterzusammenkünften zu ehemaligen Kollegen über die richtige geistige Einstellung zu sprechen.«

»Nun, Ihre Chefs müssen wohl recht blöde sein, ausgerechnet einen Griesgram wie Sie auszuschicken, um andere dazu zu bringen, an sich und an ihre Produkte zu glauben.«

»Meine Chefs sind nicht blöde; sie sind im Gegenteil sehr kluge Geschäftsleute«, gab er zur Antwort und zeigte dabei zum ersten Mal ein gewisses Selbstbewußtsein.

»Wenn das so ist, und ich habe keine Ursache, daran zu zweifeln, dann müssen sie Fähigkeiten in Ihnen sehen, die Sie selbst nicht wahrnehmen. Das heißt, Ihre Chefs glauben an einen Mann, der selber nicht an sich glaubt. Denn in den paar Minuten, die wir uns nun unterhalten, haben Sie Ihren Beruf und sich selbst herabgesetzt.«

»Meinen Beruf?« fragte er überrascht.

»Ja, Ihren Beruf! Sie bezeichneten sich soeben ›nur‹ als ›Hausierer‹ und setzten dadurch einen der wichtigsten Berufe, die es gibt – den des Verkäufers – herab. Verkaufen ist lebenswichtig; dadurch kommen die Menschen in den Genuß der Waren und Dienstleistungen, die sie brauchen. Was meinen Sie mit ›Hausierer‹? Sie sind Verkäufer und, was noch mehr ist, Lehrer und Ausbilder für andere Verkäufer.

Sie machen aber auch sich selbst kleiner, als Sie sind. Wissen Sie, wer Sie erschaffen hat? Wer Ihnen diese Führungseigenschaften gegeben hat, die Ihre Chefs in Ihnen sehen? Sagen Sie mir, wem verdanken Sie das?«

»Ich denke, Sie meinen Gott«, murmelte er unsicher.

»Ganz richtig: Ich meine Gott. Und Sie reißen Gott herunter, indem Sie sein Werk schmähen. Ihre Gedanken sind recht hübsch durcheinander.«

»So habe ich es noch nie betrachtet. Wie Sie es darstellen, tönt es anders.« Zum ersten Mal lächelte er zaghaft.

»Und noch etwas fällt mir an Ihnen auf. Sie stehen da wie ein Fragezeichen. Sie sind doch etwa einen Meter achtzig groß?«

»Einen Meter zweiundachtzig.«

»Gut, und davon benutzen Sie nur etwa einen Meter siebzig. Stehen Sie doch aufrecht! Tragen Sie Ihren Kopf hoch; versuchen Sie, damit die Decke zu berühren.«

»Das ist komisch, was Sie mir da sagen.«

»Wieso? Unsere ganze Unterhaltung ist komisch. Aber lassen wir das jetzt beiseite.

Bewahren Sie jetzt Ihre aufrechte Haltung und sprechen Sie mir nach: ›Ich bin Verkäufer. Ich habe einen der interessantesten Berufe der Welt. Ich bin ein wichtiges Mitglied des freien Unternehmertums. Ich verhelfe Menschen zu den Waren und Diensten, die sie nötig haben. Ohne Männer wie mich würde das Wirtschaftsleben verdorren. Ich bin ein bedeutender Sachwalter der freien Welt.«

»Das soll ich wiederholen?«

»Ja gewiß, los damit!« Zögernd begann er, aber in jedes Wort legte er etwas mehr Gewicht als in das vorangegangene. »Gar nicht so schlecht«, sagte ich. »Jetzt wollen wir beten.«

Totenstille. »Nun, fangen Sie an!« forderte ich ihn auf.

»Ich soll beten? Ich dachte, Sie würden ein Gebet sprechen. Ich habe noch nie in der Öffentlichkeit gebetet.«

»Den Ort hier kann man schwerlich Öffentlichkeit nennen – nun, fangen Sie an!«

Ich werde dieses Gebet nie vergessen. Natürlich schrieb ich es nicht auf, und so muß ich es nun aus dem Gedächtnis wiederholen. Es lautete ungefähr: »Herr, ich muß mein Leben ändern, bitte, hilf mir dabei. Ich muß anderen Sinnes werden. Ja, Herr, das ist es – hilf mir, von meiner festgefahrenen Denkweise loszukommen. Hilf mir, ein guter Verkäufer zu werden und im Leben vorwärtszukommen.«

»Das war ein gutes Gebet, weil Sie es aufrichtig meinten. Ich bin überzeugt, daß Gott Sie gehört hat.«

Am Flughafen verabschiedeten wir uns, und er ging seines Wegs. Von Zeit zu Zeit erhalte ich noch Nachricht von ihm, und aus dem, was ich höre, schließe ich, daß er sich dank seiner frisch gewonnenen Begeisterungsfähigkeit wieder aufgefangen hat. Begeisterung vermochte diesen Mann zu ändern, umfassende schöpferische Begeisterung.

Begeisterung steigert jede sportliche Leistung

Viele unserer bekanntesten Sportsleute vertrauen auf

die Kraft der Autosuggestion bei ihren Wettkampfvorbereitungen. Auch hier spielt die Begeisterung eine wichtige Rolle. So baute zum Beispiel Gay Brewer beim Meisterturnier 1967 auf die Kraft positiven Denkens und auf die Kraft der Begeisterung, und das brachte ihm den Sieg in diesem berühmten Golfturnier. Das entfesselte Publikum hatte keine Ahnung, daß Gay Brewer in den vorangegangenen Turnieren keineswegs meisterwürdig gespielt hatte. Dabei hatte Brewer immer gespürt, daß er Talent hatte, aber es wollte einfach nie richtig zutage treten. Er ging in sich und stellte einen erheblichen Mangel an Selbstvertrauen und an Begeisterung fest. Konnte er wie ein Sieger spielen, wenn er sich innerlich als Verlierer fühlte? Seine eigene Einstellung arbeitete gegen ihn.

Dann, durch einen glücklichen Zufall – und weil er ernsthaft bemüht war, sich selber zu helfen –, stieß Gay auf Bücher von Männern, die gegen ihre innere Unsicherheit gekämpft und den Sieg davongetragen hatten; Männer, die aufgrund ihrer eigenen Erfahrungen praktisch anwendbare Verhaltensregeln für eine positive, begeisterte Lebensführung ausgearbeitet hatten. Gay Brewer hielt sich an diese Grundsätze, und ihre Wirkung blieb nicht aus. Der Erfolg zeigte sich nicht nur in seinem Golfspiel, sondern in seiner ganzen Lebensweise. Im Meisterturnier spielte er besonnen, aber forsch. Er spielte offensiv und mit einer positiven Einstellung. Er wollte gewinnen, er glaubte an sich und an den möglichen Sieg. Er spielte meisterhaft, weil er sich nicht nur mit dem körperlichen, sondern auch mit dem geistigen Rüstzeug versehen hatte, das den wahren Meister ausmacht.

Gary Player, der berühmte südamerikanische Golfer, einer der insgesamt vier Männer, die alle vier bedeutenden Turniere der Welt gewonnen haben, erzählte mir kürzlich von seinen Erfahrungen.

»Wie Sie wissen, leben wir Golfspieler in einer dauernden Anspannung. Das kann unter die Haut gehen und einen nervös machen. Ich möchte Ihnen erzählen, wie ich damit fertig wurde, als ich in London gegen Arnold Palmer und Jack Nicklaus um die Weltmeisterschaft spielte.

Das Gelände war wie gemacht für die Spielweise meiner Gegner, und niemand hielt es für möglich, daß ich diese zwei großartigen Spieler besiegen könnte. Ich ließ mich durch die pessimistischen Voraussagen der Presse und des Publikums nicht beeindrucken. Ich erlaubte mir auch nicht, nervös zu werden. Ich erinnerte mich vielmehr an eine Stelle in Ihrem Buch ›Die Kraft positiven Denkens‹, und ich wußte, ›daß meine Stärke in meiner Gelassenheit und in meinem Vertrauen lag‹. Dann spielte ich in der amerikanischen Meisterschaft, und wieder baute ich auf die Ratschläge desselben Buches. Ich sammelte mich, ich betete, ich handelte – und gewann die amerikanische Meisterschaft.

Die Bibel ist unsere stärkste Quelle der Inspiration und der Kraft, und Ihre Bücher, Dr. Peale, brachten die Bibel unserem täglichen Leben näher. Daher empfehle ich sie auch immer wieder jungen und alten Mitmenschen zur ständigen Lektüre. Mein Leben gründe ich, als Folge Ihres Einflusses, auf drei Faktoren: Vertrauen, Bildung und Gesundheit.«

Vier Stufen zum Erfolg

Und hier noch eine andere Formel zu einem erfolgreichen Leben. Sie stammt von William A. Ward. Er nennt sie: Vier Stufen zum Erfolg.

1. Zielbewußt planen
2. Gewissenhaft vorbereiten
3. Überzeugt durchführen
4. Beharrlich weiterverfolgen

William A. Ward meint dazu: Glaube an dich! Handle nach den Grundsätzen der überzeugenden Begeisterung! Sei überzeugt, daß du mehr kannst, als du dir zutraust! Vergiß nie, daß du das erreichen kannst, was du dir ernsthaft vornimmst! Sei begeistert – denn Begeisterung vermag alles!

Begeisterung gibt den Ausschlag

S. S. Kresge, der Begründer des riesigen Imperiums von nahezu tausend Ladengeschäften, die seinen Namen tragen, besaß die besonnene Art von Begeisterung, die Schranken niederreißt und ungeahnte Erfolge erzielt. Dieser bemerkenswerte Mann wurde neunundneunzigeinhalb Jahre alt, und seine philanthropischen Vergabungen haben Tausende gefördert.

Kresges Lebensgeschichte liegt ganz in der Tradition des modernen amerikanischen Märchens: von der Armut zum Erfolg durch harte Arbeit, Sparsamkeit, absolute Ehrlichkeit, Gottvertrauen und Begeisterung. S. S. Kresge war ein gläubiger Christ, ein Mann, der mit beiden Füßen auf dem Boden stand, und ein außerordentlich kluger Kopf. Zudem besaß er einen weiterum bekannten, trockenen Humor. Als die Harvard University ihm die Würde eines Ehrendoktors verlieh und er sich mit einer Ansprache hätte bedanken sollen, stand er auf und sagte: »Mit Reden habe ich noch nie einen Pfennig verdient.« Dann setzte er sich wieder. Dies war sehr wahrscheinlich die kürzeste Rede, die an der Universität je gehalten wurde. Kresge verdiente in seinem Leben etwa zweihundert Millionen Dollar, und den Großteil davon verschenkte er wieder. Nie verlor er Gott aus den Augen, und nie mißachtete er die Menschenwürde. Er sagte: »Ich möchte die Welt als eine bessere Stätte verlassen, als ich sie vorgefunden habe.«

Ich fragte ihn einmal nach dem Geheimnis seines erfüllten Lebens, und er gab mir zur Antwort: »Meine Lebensregel ist höchst einfach: gehe früh zu Bett; stehe früh auf, iß nicht zuviel; arbeite hart; hilf deinen Mitmenschen; kümmere dich nicht um Dinge, die dich nichts angehen; sei begeistert und denke immer an Gott!

Wenn man unten beginnt und sich mühsam hocharbeiten muß, fällt einem mit der Zeit alles leicht«, setzte er hinzu. Das ist bestimmt so, vorausgesetzt, man besitzt die nötige Dosis Charakterstärke, Mut, Zuversicht und echte Begeisterung, um durchzuhalten. Diese Gaben, die Gott uns schenkt und die wir ständig weiterentwickeln müssen, braucht es, um die Hindernisse zu überwinden, die sich jedem Menschen auf seinem Weg zu einem besseren Leben, zu wahrem Erfolg entgegenstellen.

Kürzlich kam nach einem meiner Vorträge eine Frau zu mir. Es stellte sich heraus, daß wir zusammen an derselben Universität studiert hatten; seit der Abschlußprüfung waren wir uns allerdings nie mehr begegnet. »Norman«, sagte diese Frau zu mir, »ich habe dir aufmerksam zugehört, und ich bin überrascht, was du aus dem wenigen gemacht hast, das dir mitgegeben war.« Zuerst verstimmte mich diese Bemerkung etwas, doch dann wurde mir bewußt, daß sie im Grunde genommen ja ein großes Kompliment war. Wenn uns nur wenig mitgegeben ist, wir aber danach trachten, aus diesem wenigen das Beste zu machen, dann stellen wir mit Erstaunen fest, wie viel daraus werden kann.

Der Entschlossene kommt im Leben voran!

Begeisterung weckt und fördert die Entschlußfähigkeit, die bei der Überwindung von Hindernissen auf dem Weg zu einem besseren Leben ausschlaggebend ist. Die Geschichte von Mahalia Jackson, einer der überragendsten Gospel-Sängerinnen, die es je gab, hat mich zutiefst bewegt. Hindernisse lagen mehr als genug auf ihrem Weg, aber sie besaß Entschlossenheit, Begeisterung und Gottvertrauen – das, was nötig war, um durchzuhalten.

Mahalia Jacksons Weg führte sie aus bitterster Armut in die größten Konzertsäle der Welt, wo sie vor gewaltigen Zuhörermengen sang. Sie wuchs in New Orleans auf; dort arbeitete ihr Vater während der Woche in den Hafendocks, und am Sonntag amtierte er jeweils als Prediger. Da ihre Eltern sehr arm waren, genoß Mahalia keine rechte Schulbildung und natürlich auch keinerlei Musikunterricht. Aber sie hörte Musik auf den Vergnügungsbooten entlang dem Unterlauf des Mississippis, und begeistert lauschte sie den Rhythmen der berühmten Jazzorchester. Und sie spürte, daß sich in ihr etwas entwickelte, und wurde gewahr, daß sie über eine gute Stimme verfügte. Vom ersten begeisterten Mitsingen im Chor der kleinen Kirche ihres Vaters ging es Schritt für Schritt aufwärts bis zum weltweiten Erfolg. Von einer ihrer Schallplatten, »Move On Up A Little Higher«, wurden acht Millionen Exemplare verkauft. »Was immer du werden willst; was immer du erreichen willst«, sagt sie, »Gott hilft dir dabei. Unter einer Bedingung: Du mußt fest dazu entschlossen sein.«

Sie sagt, wenn Gott sie von den Waschzubern am Fluß in Louisiana wegbringen konnte, wenn er ihre Knie von den Fußböden, die sie schrubbte, lösen konnte, wenn er sie über das Leid, das ihre Rasse erdulden muß, erheben konnte, dann könne er jedem anderen Menschen genauso über jede Schwierigkeit hinweghelfen. Und damit hat sie recht. Keiner ist auf dieser Welt, den Gott nicht weit über jedes erhoffte oder erträumte Ziel hinauszutragen vermöchte. Aber das verlangt auf unserer Seite Entschlossenheit. Wir müssen unser Ziel unter allen Umständen erreichen wollen, und wir müssen uns Gott voll und ganz anvertrauen. Dann werden wir den Sieg davontragen über unsere Schwächen, über unsere Schwierigkeiten und über uns selbst. Mahalia Jacksons Geschichte beweist, daß wir im Leben alles erreichen können, wenn wir über die Begeisterung und das Gottvertrauen verfügen, die alle Hindernisse überwinden.

Wie man die Lebensfreude wiederfindet

Ich habe miterlebt, wie zwei verzagte Menschen ihre Lebensfreude wieder zurückgewannen.

Es war an einem Maimorgen auf unserer Farm in Dutchess County. Auf einer Wiese unseres Grundstückes steht ein altes, verwittertes, unbewohntes kleines Haus, das wir als Lagerraum benützen. Dicht neben diesem Haus wachsen prächtige Fliederbüsche. Die Morgennebel hüllten das Ganze ein; es war ein Anblick von geheimnisvoller Schönheit. Schwer ruhten die Tautropfen auf den Blütendolden, und diese verströmten einen geheimnisvollen Duft. Zwei junge schwarze Ochsen kamen heran und musterten mich eingehend durch die Umzäunung. Es schien mir, als gehe von ihren gelassenen Gesichtern eine Art interessierte Freundlichkeit aus. Sie gefielen mir, und ich rief ihnen zu: »He, Jungens, wie geht's?« Aber ihre Antwort bestand lediglich in langen Dampffahnen, die sie durch ihre Nüstern bliesen.

Nun begannen sich die Morgennebel langsam zu lichten. Lange Sonnenstrahlen fielen auf die lilafarbenen Fliederbüsche; ein strahlend schöner Morgen brach an. Da erinnerte ich mich eines Ausdrucks, den mein Vater oft gebrauchte, wenn er von einem glücklichen und begeisterten Menschen sprach: »Er strahlt wie ein Maimorgen.« Ich stand in dem tiefen Gras und dachte daran, wie viele Maimorgen ich schon hatte erleben dürfen, und ich war glücklich, daß mich ein schöner Maimorgen noch genauso begeistern konnte wie seinerzeit als Knabe. Und ich bat Gott, mir meinen wachen Geist zu bewahren, damit das Leben für mich immer so voller Wunder, Glanz und Herrlichkeit bleibe.

So viele Menschen werden matt, alt und müde vor aller Zeit. Sie werden zynisch und berufen sich dabei auf ihre Erfahrungen. Aber sollte uns Erfahrung denn nicht froher, klüger und weiser machen? Und ist es weise, trübsinnig zu werden und jede Lebensfreude zu verlieren, statt sich jeden Tag von neuem über die Fülle zu freuen, die uns das Leben schenkt?

Nun, an diesem Maimorgen kam ein Ehepaar auf

meine Farm. Ich kannte die beiden als in ihrer Art nette, aber außerordentlich gelangweilte und blasierte Großstadtmenschen. Der Mann, guter Komponist und bekannter Musikverleger, sagte zu mir: »Helen fühlt sich nicht recht wohl, und ich mache mir deswegen Sorgen. Aber auch mir geht es nicht besonders gut.«

»Nun, Sie sehen aber gar nicht schlecht aus.«

»Mag sein, aber ich fühle mich innerlich ausgebrannt und habe meine schöpferische Kraft verloren. Meine Begeisterung und meine Lebensfreude sind weg. Ich möchte wissen, wie ich sie wiederfinden kann. Denn so ist das Leben leer und sinnlos.«

»Hören Sie, Bill, da bin ich nicht der richtige Mann für Sie. Ich bin ein Diener des Herrn, und Sie sind einer dieser überkultivierten Intellektuellen. Wieso fragen Sie ausgerechnet mich, wie Sie Ihre Lebensfreude wieder zurückgewinnen können? Es war ein Fehler von Ihnen, mit dieser Frage zu mir zu kommen, denn ich kann Ihnen nur eine einfache, schlichte Antwort geben. Und Sie sind nicht einfach genug, um sich mit einer einfachen Antwort zu begnügen. Sie sind zu kompliziert, um nicht zu sagen zu blasiert, für so etwas – wenigstens erwecken Sie diesen Eindruck. Wenn Sie allerdings bereit sind, von Ihrem Thron herabzusteigen, dann will ich ihnen gerne die richtige Antwort geben.«

»Verfahren Sie nicht reichlich grob mit mir?«

»Nun, vielleicht haben Sie es nötig«, gab ich lächelnd zurück. Wir hatten uns verstanden.

Ich bat Bill und Helen ins Haus; dort beteten wir.

Scheinbar hatte ich die beiden falsch eingeschätzt, denn hemmungslos und offen schütteten sie ihr Herz aus. Sie zierten sich nicht, sondern baten Gott aufrichtig um Hilfe und Beistand. Danach waren die beiden wie neu geboren, und bald darauf verließen sie mich leichten Schrittes und mit einem Leuchten in den Augen.

Ein Jahr später erhielt ich von Bill einen Brief, und offensichtlich waren seine Begeisterung und seine Lebensfreude nun von Dauer, denn er schrieb schwärmerisch: »Der Himmel war noch nie so blau, das Gras noch nie so grün, der Duft der Blumen noch nie so betörend und der Gesang der Vögel noch nie so hinreißend wie in diesem Jahr. Wir wußten ja gar nicht, wie herrlich das Leben sein kann!«

Begeisterung überwindet die Hindernisse auf dem Weg zu einem erfüllten Leben

Hindernisse auf dem Weg zu einem erfüllten Leben gibt es viele und mancherlei. Eines von ihnen – und nicht das kleinste – ist die Furcht. Und Furcht geht Hand in Hand mit Vorsicht. Angemessene Vorsicht ist klug und vernünftig; wir sollten uns aber davor hüten, zu vorsichtig zu sein. Dem Furchtsamen, dem Ängstlichen, dem Übervorsichtigen gelingt es nie, die Hindernisse zu überwinden, hinter denen erst die wahren Werte eines erfüllten Lebens liegen. Und darum ist allzu große Vorsicht nicht von gutem. Auf unserer Farm fuhr eines Tages ein Tankwagen vor, um Heizöl zu liefern. Der

Fahrer stieg aber nicht aus, und so ging ich zu ihm hin und fragte ihn: »Was ist los; wo fehlt's?«

Nervös antwortete der Mann: »Hier, dieser Hund!« Nun, unser Hund ist recht groß, und er bellt auch dementsprechend; ein weiteres Merkmal seiner Rasse ist sein furchterregender Blick. Aber das ist alles nur Täuschung – bös blicken und bellen ist alles, was er kann. »Dieser Hund würde nicht einmal einer Fliege etwas zuleide tun«, gab ich daher zur Antwort.

»Was kümmern mich Fliegen, wenn er dafür mich beißt!«

»Steigen Sie ruhig aus und gehen Sie auf den Hund zu; er wird sich davonmachen.«

Aber der Mann war nicht dazu zu bewegen. »Sehen Sie doch seine Augen, nein danke!« erwiderte er und blieb in seiner Kabine sitzen.

Ich wandte mich nun dem Hund zu und befahl ihm: »Marsch, Petey, geh weg!« Aber zu meiner Überraschung und zu meinem Erstaunen ging er bellend auf mich los. Fast wäre ich ebenfalls auf den Tankwagen gesprungen!

Petey spürte, daß er den Fahrer eingeschüchtert hatte, und nun wollte er sehen, ob ihm das bei mir ebenfalls gelänge. Ich sagte zu dem Mann: »Solange Sie vor dem Hund Angst haben, macht er sich einen Spaß daraus, Sie in Ihrem Wagen festzunageln.«

Endlich konnte ich ihn überzeugen. Er stieg aus, und wir gingen geradewegs auf den Hund zu. Als Petey sah, daß er niemandem mehr Angst einflößen konnte, zog er sich sofort zurück. Nachher strich er knurrend um das

Haus, während der Mann seine Arbeit verrichtete.

Nun, es ist ja nichts Neues, daß ein Tier, wenn es unsere Angst spürt, alles tut, uns noch mehr einzuschüchtern. Je länger wir uns vor etwas bange machen lassen, um so größer wird unsere Furcht. Wer in einen Autounfall verwickelt war, wird in der Regel nur mit Unbehagen wieder in ein Auto steigen. Aber je früher er es tut, um so besser. Wenn er es hinausschiebt, kann sich seine Furcht vor dem Autofahren zu einem Angstzustand vor dem Reisen schlechthin entwickeln. Furcht kann mit Ablauf der Zeit wachsen und sich zudem auf andere Bereiche verlagern.

Dingen, vor denen wir uns fürchten, aus dem Weg zu gehen kann unliebsame Folgen haben. Darum ist es richtiger, sie durchzustehen, ihnen erhobenen Hauptes entgegenzutreten – auch wenn wir dabei hin und wieder etwas in Kauf nehmen müssen. In der Mehrzahl der Fälle werden wir erleben, daß es lange nicht so schlimm ist, wie wir befürchtet haben. Und sollte es einmal wirklich schlimm sein, dann werden wir bestätigt finden, daß uns alles gegeben ist, um die Situation durchzustehen – und daß wir dabei innerlich wachsen und stärker werden.

John Ruskin wurde sich als Zwanzigjähriger schmerzlich bewußt, wie außerordentlich furchtsam er war. Während eines Aufenthaltes in Chamonix in den französischen Alpen litt er sehr darunter. Er hatte andere junge Leute beim Bergsteigen beobachtet und wollte selber auch einige der weniger hohen Gipfel besteigen. Doch seine Angst machte ihn regelrecht krank, und nicht viel hätte gefehlt, so hätte er von seinem Vorhaben abgelassen.

Da schrieb er die folgenden Gedanken nieder, die ihm halfen, seine Angst zu überwinden: »Wenn wir vor einer Gefahr zurückschrecken – und möchte dies im einen oder andern Fall auch einleuchtend und vernünftig scheinen –, erfährt unsere Persönlichkeit eine gewisse Wertminderung; wir werden um einen Grad kraftloser und schwächer. Bieten wir dagegen einer Gefahr die Stirn – und mag es auf den ersten Blick vielleicht auch unvernünftig scheinen –, dann gehen wir aus der Auseinandersetzung reifer und stärker hervor; sie macht uns widerstandsfähiger für kommende Prüfungen.«

Eine Ermahnung, die der bekannte Berichterstatter Henry J. Taylor einmal von seinem Vater erhielt, drückt es so aus: »Kümmere dich nicht zuviel um dich selbst und fürchte dich vor nichts. Menschen, die zu vorsichtig durchs Leben gehen, verpassen viel. Riskiere etwas, wenn es die Lage erfordert! So wirst du glücklicher sein, mehr von der Welt sehen und aller Voraussicht nach genauso lange leben.«

Wir sollten uns ferner davor hüten, nachtragend zu sein. Wir versetzen ja nur uns selber in Ärger, wenn wir jemandem etwas nachtragen, wenn wir unseren Groll einem Mitmenschen gegenüber ständig wiederaufleben lassen. Wir verletzen uns selber immer wieder aufs neue, und derart können seelische Wunden nie heilen.

Ein anderes Hindernis, das es zu überwinden gilt, ist der Hang, sich abzusondern, allem aus dem Weg zu gehen, was andere betrifft. Manches Unglück könnte vermieden werden, wenn wir uns etwas weniger unbeteiligt verhielten. So sollen nachgewiesenermaßen mindestens neununddreißig Personen die Schreie einer Frau gehört haben, die, nach Zeitungsmeldungen, im Zentrum von New York erstochen wurde, und – es klingt geradezu unglaublich – keine dieser neununddreißig Personen fand es für nötig, den Schreien nachzugehen.

»Warum soll ich da in etwas verwickelt werden? Es geht mich ja nichts an«, argumentieren diese Leute. Doch, es wäre sie etwas angegangen! Denn so verlor die arme Frau ihr Leben, und sie verloren einen Teil ihrer Seelenruhe. Wie können sie diese Todesschreie je vergessen, die sie in ihrer egoistischen Unbekümmertheit nicht berührten? Der Gedanke daran wird sie ständig verfolgen.

Die Einstellung, sich nicht um die Sorgen, Nöte und Fährnisse der Mitmenschen zu kümmern, ist ein gewaltiges Hindernis auf dem Weg zu einem erfüllten Leben: ein Hindernis, das wir uns selber in den Weg legen. Wahre Begeisterung für unsere Mitmenschen besiegt diese Interesselosigkeit und verhilft uns zu einem Glücksgefühl, dessen wir sonst nie teilhaftig würden.

Unsere Verantwortung für andere

Da ist zum Beispiel das Erlebnis, das Sal Lazzarotti, der künstlerische Gestalter von »Guideposts«, hatte. Es nahm seinen Anfang, als er eines Morgens auf dem Weg zur Arbeit in der Untergrundbahn saß. Einen Schritt von ihm entfernt stand im Mittelgang ein hübscher, gutaussehender achtzehnjähriger Jüngling. Sal gegenüber saß eine adrett gekleidete junge Dame von vielleicht fünfundzwanzig Jahren und las in einem Buch. Als der Zug auf einer Station hielt, erhob sich das Mädchen und schritt an dem Burschen vorbei zur Türe. Plötzlich begann sie zu schreien: »Sie unverschämter Kerl! Tun Sie nicht so unschuldig! Sie haben mich angefaßt!« Und wie eine Tigerin stürzte sie sich auf ihn und wollte ihm das Gesicht zerkratzen. Der völlig perplexe Junge hob seine Hände zur Abwehr, und dabei muß er wohl unabsichtlich das Gesicht des Mädchens gestreift haben, denn auf ihren Lippen war plötzlich ein Blutfleck zu sehen. Nun riß er sich los, sprang aus dem Wagen und lief den Bahnsteig entlang – sie hinter ihm her, laut »Polizei! Polizei!« rufend. Die Türen der Untergrundbahn schlossen sich; die aufgeschreckten Reisenden zuckten die Schultern und wandten sich wieder ihren Zeitungen zu. Sal hatte genau gesehen, daß der Junge und das Mädchen sich nicht berührt hatten, ehe sie zu schreien begann. Der Junge war vollkommen unschuldig. Sal fragte sich, was wohl mit ihm geschehen werde und ob er sich nicht als Zeuge zur Verfügung stellen sollte. Doch dann versuchte er sich einzureden, daß ihn das Ganze ja nichts angehe, daß der Bursche sehr wahrscheinlich ohnehin entkommen sei und daß er sich besser nicht einmische. Überhaupt war er viel zu beschäftigt, um sich um anderer Leute Schwierigkeiten zu kümmern. Und doch mußte er ständig an den Jungen denken!

Die Sache ließ ihm keine Ruhe. Vier Telefonanrufe waren nötig, um den Polizeibezirk ausfindig zu machen, auf den man den Jungen gebracht haben würde, falls er gefaßt worden war. Dort sagte man ihm, ja, der Bursche sei eingeliefert worden und warte nun bereits beim Jugendgericht auf seine Aburteilung. Sal rief dort an und brachte den Namen des Jungen – Steve Larsen – in Erfahrung sowie den Namen und die Adresse seiner Eltern. Nun telefonierte er Steves Mutter und erfuhr, daß die Eltern kein Geld für einen Anwalt hatten. Also mobilisierte er einen, und zusammen mit diesem und Steves Mutter ging er zum Gericht.

Als der Richter sie befragte, gab das Mädchen eine eindrucksvolle Beschreibung, wie sie angegriffen worden sei. Sal hörte ihr fassungslos zu, wußte er doch, daß ihre ganze Geschichte erfunden war. Einmal unterbrach der Richter das Mädchen und sagte zu ihm: »Überlegen Sie sich alles gut, denn es ist ein Zeuge anwesend.« Das Mädchen sah sich um und bemerkte Sal. Sie erkannte ihn wieder, starrte ihn ungläubig an und brach zusammen. Es stellte sich heraus, daß sie in die Behandlung eines Psychiaters gehörte.

Wäre Sal Lazzarotti dabei geblieben, daß ihn die Sache nichts angehe und daß er nicht in etwas hineingezogen werden wolle, dann wäre der Junge zweifellos verurteilt worden. Man hätte ihn möglicherweise in eine Erziehungsanstalt gesteckt; ein Makel wäre zeitlebens an ihm haften geblieben, wenn er nicht gar in der Folge zum Verbrecher geworden wäre. Durch das Eingreifen eines Mannes, der einem Menschen gegenüber, den er nicht einmal kannte, Verantwortung empfand, wurde er davor bewahrt.

Auch der dreiundzwanzigjährige Marinesoldat James R. George gehörte nicht zu jenen, die sich abseits halten, wenn Not am Manne ist. Er war auf Urlaub in Philadelphia und wollte die Sehenswürdigkeiten der Stadt besichtigen. Doch auf einer Untergrundbahnstation bekam er etwas zu sehen, womit er in Philadelphia, der Wiege der amerikanischen Freiheit, nicht gerechnet hatte. Fünfzehn bis zwanzig jugendliche Strolche hatten ein Mädchen in die Enge getrieben und waren im Begriff, sich an ihr zu vergehen. Sechs Männer standen in der Nähe, schauten zu und machten keinerlei Anstalten einzugreifen. George rief ihnen zu: »Los, seht doch nicht untätig zu!«

Sie zuckten nur mit den Achseln, und das besagte soviel wie: »Das geht uns nichts an. Wir wollen nicht in etwas verwickelt werden. Das ist nicht unsere Sache.«

Aber der Marinesoldat James R. George war aus anderem Holz; er machte es zu seiner Sache. Er warf seine Jacke von sich und stürzte sich auf die brutalen Kerle. Mit beiden Fäusten hieb er auf sie ein. Es war ein harter Kampf, aber schließlich ergriff die Bande die Flucht, und das Mädchen war gerettet. Die sechs Männer waren die ganze Zeit vollkommen unbeteiligt daneben gestanden.

James R. George wurde zum Ehrenbürger von Philadelphia ernannt. In seiner Ansprache betonte der Bürgermeister Georges beispielhaften Mut und sein ausgeprägtes Verantwortungsbewußtsein. Als George für die ihm zuteil gewordene Ehrung dankte, begann er mit den Worten: »Ich habe meinen Aufenthalt in Philadelphia sehr genossen ...« Natürlich hatte er das – trotz seinem grün und blau geschlagenen Gesicht und anderen Zeichen des durchgestandenen Kampfes. Und warum? Weil er ein ruhiges Gewissen hatte. Weil er sich, als die Not es erforderte, für ein wehrloses Kind Gottes eingesetzt hatte. Weil er nicht abseits gestanden war.

Wenn jemand uns verlassen sollte

Richtige religiöse Einstellung hilft uns, ein weiteres Hindernis zu besiegen, nämlich die Furcht, einen geliebten Menschen zu verlieren – etwas vom Qualvollsten, das uns widerfahren kann, eine der schwersten Prüfungen, die uns das Leben auferlegt.

Eines Nachmittags sprach ich auf einer Tagung in einem Hotel in Chicago. Im Hintergrund des Saales sah ich einige Serviererinnen stehen und zuhören. Als ich nach meinem Vortrag dem Ausgang zuschritt, wurde ich von einer von ihnen, sie mochte etwa dreißig Jahre alt sein, angerufen. Sie kam auf mich zugerannt, nahm meine beiden Hände in die ihren und überraschte mich mit den Worten: »Doktor Peale, ich liebe Sie!«

»Nun, verkünden Sie das nicht so laut«, entgegnete ich lachend.

»Ach«, wiederholte sie, »ich liebe Sie einfach.«

Ihre Offenheit und ihr Entzücken rührten mich, und ich sagte zu ihr: »Wissen Sie was? Ich liebe Sie auch. Aber sagen Sie mir doch bitte: warum lieben Sie mich?«

»Das will ich gerne tun«, fuhr sie fort. »Ich habe einen kleinen Knaben. Sein Vater verließ uns, aber um so mehr dankte ich Gott, daß er mir dieses liebe Kind geschenkt hatte. Dann, als der Knabe fünf Jahre alt war, wurde er krank. Der Arzt machte kein Geheimnis daraus, daß die Krankheit ernsthaft sei, und eines Tages sagte er zu mir: ›Sie müssen stark sein. Ich weiß nicht, ob wir Ihren Jungen noch retten können.‹ Er bereitete mich auf das Schlimmste vor. Ich war völlig durcheinander. Meine ganze Welt würde zusammenstürzen, wenn ich meinen Knaben verlieren sollte. Ich liebte ihn doch so sehr; er bedeutete mein ganzes Leben.

Da gab mir eine Nachbarin Ihr Buch ›Darum seid getröstet‹*. Nie werde ich vergessen, was Sie in diesem Buch sagen: ›Ich erinnere mich an eine Geschichte über Cecil B. de Mille, den berühmten Filmproduzenten, die vor einigen Jahren im Magazin ›Guideposts‹ erschienen ist. De Mille liebte es, sich in die Einsamkeit zurückzuziehen, wenn er ein Problem zu überdenken hatte. Eines Tages fuhr er in einem Boot auf einen See im Staate Maine hinaus und ließ sich ziellos dahintreiben, während er sein Problem überdachte.

Das Boot trieb an Land und legte an einer Stelle an, wo das Wasser nur wenige Zentimeter tief war. De Mille schaute hinab und sah, daß der Grund mit Wasserkäfern übersät war. Einer von ihnen kam an die Oberfläche und kroch langsam an der Seitenwand des Bootes hoch. Als er den Bootsrand erreicht hatte, starb er.

* Oesch Verlag AG, Zürich

De Milles Gedanken kehrten zu seinem Problem zurück. Nach einer Weile blickte er zufällig wieder auf den Käfer. In der heißen Sonne war sein Panzer brüchig geworden. Plötzlich sprang der Panzer auf, und langsam kam eine Libelle zum Vorschein. Sie erhob sich in die Luft, und ihre Farben funkelten im Sonnenlicht.

Diese beflügelte Kreatur flog in einem Augenblick weiter, als der Käfer in Tagen hätte kriechen können. Die Libelle wandte sich wieder der Wasseroberfläche zu; de Mille sah ihren Schatten auf dem Wasser. Sehr wahrscheinlich sahen die Wasserkäfer in der Tiefe die Libelle auch, aber jetzt lebte ihr einstiger Gefährte in einer Welt, die ihr Begriffsvermögen überstieg. Sie lebten immer noch ihre bescheidene Existenz, während ihre beflügelte Verwandte alle Freiheit zwischen Himmel und Erde genoß.

Später, als de Mille sein Erlebnis erzählte, schloß er mit der eindringlichen Frage: ›Wird der Schöpfer des Universums das, was er für einen Wasserkäfer tut, für einen Menschen nicht tun?‹

De Mille glaubte es nicht – und auch ich glaube es nicht.

Die Bibel verheißt uns doch durch Paulus: ›Kein Auge hat je gesehen und kein Ohr hat je gehört und keinem Menschen ist je ins Herz emporgestiegen, was alles Gott denen bereitet hat, die ihn lieben.‹ Und in den Offenbarungen steht: ›Sie werden nicht mehr hungern und werden nicht mehr dürsten ... und Gott wird alle Tränen abwischen von ihren Augen.‹

Etwas in meinem Innern sagte mir«, fuhr die junge

Frau fort, »daß es wahr sei. So betete ich denn und empfahl meinen Sohn Gott.«

»Und was geschah?«

Mit Tränen der Freude in den Augen sagte sie: »Ist Gott nicht wunderbar? Er ließ mich meinen Jungen behalten. Und nun erziehen Gott und ich ihn gemeinsam.«

Ich mußte mich zusammennehmen, damit mir nicht ebenfalls Tränen kamen. »Sie sind eine großartige Mutter und einer der klügsten und standhaftesten Menschen, die ich je kennengelernt habe.«

»Das ist sie wirklich«, stimmten ihre Kolleginnen ein, die uns umstanden. Wir sagten uns auf Wiedersehen, und glücklich über dieses Erlebnis machte ich mich auf meinen Weg. Diese junge Frau besaß die Kraft begeisterten Gottvertrauens, und diese hatte ihr geholfen, mit einem der schwersten menschlichen Probleme fertig zu werden.

Ich kann nicht – ich kann

Wir sollten uns auch davor hüten, Hindernisse aufzubauschen. Wie viele Menschen erklären mir doch immer wieder des langen und breiten, warum sie etwas nicht können! Wenn sie doch nur die Hälfte der Zeit, die sie für ihre langschweifigen Erklärungen brauchen, darauf verwendeten, das zu tun, was sie können, dann würden sie bald einmal erleben, daß nichts unmöglich ist. Mein alter, verehrter Lehrer George Reeves, ein Mann voller Gottvertrauen und Zuversicht, hinterließ bei uns

Schülern einen unvergeßlichen Eindruck. Er hatte die seltsame Gewohnheit, manchmal unvermittelt in großer Schrift auf die Wandtafel zu schreiben: »Ich kann nicht.« Dann griff er jeweils zum Schwamm und fragte: »Was machen wir?«, worauf die ganze Klasse im Chor rief: »Das Wort ›nicht‹ auslöschen!« – was er hierauf mit einer schwungvollen Handbewegung besorgte. Dann ermahnte er uns immer: »›Ich kann nicht‹ darf es in eurem Leben einfach nicht geben. Ihr könnt alles – ihr müßt nur wirklich wollen!«

Was positives Denken und Begeisterung vermögen

Zu jener Zeit, als ich meine erste Pfarrstelle innehatte, es war in Berkeley, Rhode Island, wurde ich mir bewußt, daß mit meiner geistigen Einstellung etwas nicht in Ordnung war. Ich neigte dazu, alles und jedes unter einem negativen Gesichtspunkt zu betrachten. Ich entschloß mich daher zu einer geistigen Kehrtwendung und bat Gott um seinen Beistand.

Zu meinem Glück wurde mein inniges Gebet erhört, denn es gibt kaum etwas Elenderes, als mit einer negativen Geisteshaltung zu leben. Davon befreit zu werden war eine meiner wundervollsten Erfahrungen. Meine veränderte Einstellung machte mich mit zwei für mich neuen Begriffen bekannt, und diese sollten in der Folge mein Leben ganz gewaltig ändern: die Kraft positiven Denkens und die Kraft der Begeisterung. Doch diese beiden herrlichen Eigenschaften kommen nicht von ungefähr. Sie wollen erlernt und beherrscht werden. Hat man sie sich aber einmal zu eigen gemacht, dann überwindet man mit ihrer Hilfe die größten Hindernisse, die sich uns in den Weg stellen und möglicherweise unser Leben ruinieren könnten.

Nachdem ich erkannt hatte, was diese beiden Fähigkeiten vermögen, wurden sie mit Gottes Führung und Beistand zur Grundlage meines weiteren Lebens. Positives Denken beeinflußt unsere Verstandeswelt; Begeisterung unsere Gefühlswelt. Und beide zusammen lösen alle unsere Probleme und Schwierigkeiten.

Ein bedrohlicher Sturm kann zum hilfreichen Rückenwind werden

Während einer Flugreise im Fernen Osten unterhielt ich mich mit dem Flugkapitän. In jener Gegend sind Taifune, diese alles zerstörenden Winde mit dem unheilvollen Namen, sehr häufig. Ich fragte den Kapitän, welchen Einfluß Taifune auf die Flugsicherheit hätten. »Nun«, sagte er gedehnt, »damit ist nicht zu spaßen. Sie ziehen ein Gebiet von fünfhundert bis achthundert Kilometern in ihren Bann.«

»Und was machen Sie, wenn Sie in einen Taifun geraten?«

»Ganz bestimmt versuche ich nicht, dagegen anzufliegen. Ich fliege vielmehr in der Richtung, in welcher der Taifun bläst, und so wird er für mich zum willkommenen Rückenwind.«

Positives Denken und Begeisterung wirken genauso. Sie sind der Rückenwind, der uns unsere Probleme und

Schwierigkeiten überwinden läßt und uns zu den gesteckten Zielen trägt.

Zugegeben, bei der Begeisterung besteht immer die Gefahr des Übertreibens. Auch Enthusiasten sollten es daher mit der Ruhe nehmen, sonst werden sie womöglich das Opfer ihrer eigenen Verzücktheit. Richtig verstandene Begeisterung ist nicht notwendigerweise Zügellosigkeit, sondern weit eher ein energisches, kontrolliertes Handeln, und vielleicht verfügt der bedächtige, zurückhaltende Mensch genauso darüber wie der lebhaft aus sich herausgehende. Die Welt gehört dem Begeisterten, der einen kühlen Kopf bewahrt.

Bei den Menschen, die ich kennenlernte und die in dieses Bild passen, muß ich an den ehemaligen Präsidenten Calvin Coolidge denken. Er war ein außerordentlich bedächtiger und schweigsamer Mensch, aber unter seiner kühlen Oberfläche loderte das kontrollierte Feuer der Begeisterung. Er war einer von jenen seltenen Politikern, die äußerst sparsam mit ihren Worten umgehen. Er sagte nur, was unbedingt gesagt werden mußte, aber nicht mehr. Er gewann die Zuneigung vieler Menschen allein schon durch die Tatsache, daß er nicht zuviel redete.

Ehe seine Laufbahn als Politiker begann, war Coolidge Anwalt in Northampton. Sein Büro lag im Stadtzentrum, sein Haus hingegen am Stadtrand. Nie fuhr Coolidge in sein Büro; das wäre ihm zu teuer gewesen, denn er war sehr sparsam. Jeden Morgen um dieselbe Zeit spazierte er von seinem Haus zum Büro. Sein Weg führte ihn dabei am Haus eines Freundes Hiram vorbei, und jeden Morgen, wenn Coolidge vorbeiging, lehnte sich Hiram über den Gartenzaun. Ihre tägliche Unterhaltung war immer dieselbe.

»Guten Morgen, Calvin«, begann Hiram.
»Guten Morgen, Hiram«, entgegnete Coolidge.
»Ein schöner Tag heute«, fügte Hiram hinzu.
»Ein schöner Tag heute«, bestätigte Coolidge.

So ging das etwa zwanzig Jahre lang. Dann wurde Coolidge zum Gouverneur gewählt, später zum Vizepräsidenten und schließlich zum Präsidenten der Vereinigten Staaten. Er war lange Jahre von Northampton weg gewesen, aber nach Ablauf seiner Amtszeit kehrte er wieder dorthin und zu seiner Anwaltspraxis zurück. Bald spazierte er wieder von seinem Haus zu seinem Büro, und natürlich lehnte sich wieder wie einst sein alter Freund Hiram über den Gartenzaun.

»Guten Morgen, Calvin.«
»Guten Morgen, Hiram.«
»Ein schöner Tag heute.«
»Ein schöner Tag heute.«

Es war wie einst. Doch dann geschah etwas Unerwartetes. Hiram, dieser Schwätzer, fügte hinzu: »Ich habe dich lange nicht gesehen, Calvin.«

»Weiß schon, war ein Weilchen weg«, antwortete Coolidge. Die Zeit seiner Arbeit als Gouverneur und Präsident war vorbei; für ihn zählte nur, was jetzt war. Calvin Coolidge nahm alles, wie es kam. Er besaß jene tiefverwurzelte, gelassene Art von Begeisterung, die nicht an die Oberfläche drängt. Er war voller Begeisterung für die Vereinigten Staaten, und das wollte bei ihm etwas heißen. Aber sich selber nahm er nicht zu wichtig. Er war ein ruhiger, bedächtiger Enthusiast. Er besaß Begeisterung, aber er hielt sie unter Kontrolle.

Der Sinn dieses Buches soll sein, den unermeßlichen Wert der Begeisterung zu zeigen, den sie für jene Menschen besitzt, die danach streben, im Leben etwas zu leisten. Ich stimme mit dem Verleger B.C. Forbes überein, der sagte: »Begeisterung ist der lebenswichtige Motor für jeden Menschen. Sie ist die treibende Kraft, die die Menschen Wunder vollbringen läßt. Sie bringt Mut hervor, erweckt Vertrauen und überwindet Zweifel. Sie erzeugt unaufhörlich Energie, den Ursprung allen Gelingens.«

Ich habe an den verschiedenartigsten Beispielen zu zeigen versucht, wie Begeisterung im Leben vieler Menschen den Ausschlag gegeben hat. Meiner Meinung nach ist die religiöse Begeisterung von überragender Bedeutung, denn sie vor allem vermag, aus uns einen neuen Menschen zu machen. Mit ihrer Unterstützung überwinden wir alle Schranken – äußere, die uns in den Weg gelegt werden, und innere, die wir uns selber errichten.

Begeisterung schenkt neue Tatkraft

Es war an einer Tagung für Kaufleute im Außendienst. Vor meinem Vortrag kam ein Geschäftsmann auf mich zu und sagte: »Dr. Peale, ich habe in meinem Betrieb einen Mann, der nie aus eigenem Antrieb hierher zu dieser Tagung gekommen wäre; so habe ich ihn eben hergebracht. Ich habe Ihr Buch ›Die Kraft positiven Denkens‹ gelesen, und ich hoffe, daß Sie aus dem Mann etwas machen werden. Ich erinnere mich, in Ihrem Buch gelesen zu haben, daß Sie es in einem ähnlichen Fall fertigbrachten, ein Feuer unter dem betreffenden Versager zu entfachen.«

»Das Feuer wurde in ihm, nicht unter ihm entfacht«, antwortete ich. »Ich werde tun, was ich kann.«

Ich ließ mir den Mann zeigen. Er saß in der vordersten Reihe; und während ich sprach, sah ich ihn mir von Zeit zu Zeit genauer an. Sein Ausdruck war leer und nichtssagend, und er zeigte keinerlei Reaktion auf irgend etwas, das ich sagte.

Immerhin, nach meinem Vortrag kam er zu mir: »Ich heiße Carl. Ich bin dieser lahme Verkäufer, den sein Chef selber herbringen mußte und der hier etwas mehr Schwung erhalten sollte.«

»Ja wissen Sie denn davon?«

»Natürlich. Wie könnte es anders sein? Er hat es doch überall herumerzählt.« Er sagte das ohne jeden bitteren Unterton; ja es schien ihm völlig egal zu sein.

Ich bat ihn auf mein Zimmer, damit wir uns ungestört unterhalten konnten. »Was ist los mit Ihnen, Carl?«

»Ich weiß es nicht. Ich weiß es wirklich nicht.«

Ich stellte ihm einige belanglose Fragen, um mit ihm und seinen Problemen etwas vertrauter zu werden. Dann fragte ich ihn: »Und wie geht es im Beruf?«

»Ach, ich komme so durch.«

»Wenn Sie mich fragen, dann kommen Sie nicht mehr

lange durch. Ihr Chef ist wirklich wütend auf Sie. Er sagte mir, Ihre Leistungen und Ihre Umsätze gingen immer mehr zurück. Und doch glaubt er, daß Sie ein guter Mitarbeiter wären, wenn Sie etwas mehr Schwung hätten.«

»Das ist recht und gut, aber ich habe keine Energie, und ich fühle keine Begeisterung. In einem Beruf mit solch starker Konkurrenz muß man rege sein, muß man auf Draht sein, muß man ständig hinter den Kunden her sein. Das braucht Durchschlagskraft, und zwar eine ganze Menge.«

»Wo haben Sie denn all dieses Zeug gehört?«

»Nun, in den Gesprächen mit meinen Kollegen. Und es hängt mir langsam zum Hals heraus, sie so reden zu hören. Ich finde es dumm und blöd, und es interessiert mich überhaupt nicht.«

»Gehen Sie zur Kirche?« fragte ich nun.

»Gelegentlich. Aber sie läßt mich kalt.«

»Sind Sie Mitglied eines Vereins?«

»Nein, zum Teufel! Ich interessiere mich für nichts.«

Er schien völlig interesselos, und er tat mir leid.

»Carl, glauben Sie an Gott?«

»Ja, gewiß.«

»Was lehrt uns Jesus?«

»Nun, daß wir gut sein sollen«, antwortete Carl unsicher.

»Das ist richtig. Aber haben Sie auch schon daran gedacht, daß Jesus auch Energie verkörpert, Tatkraft, Lebenskraft? Er ist das Leben, und durch ihn finden auch Sie zum wahren Leben. Denken Sie stets an Gott und an Jesus Christus, und Sie werden Tatkraft und Begeisterung finden.«

Zum ersten Mal begann der Mann Interesse zu zeigen. »Sie glauben das doch wirklich, nicht wahr?« fragte er. »Nun, es klingt vernünftig. Ich will es versuchen, wenn Sie mir dabei helfen.«

»Wir wollen beten«, schlug ich vor. »Was halten Sie davon?«

»Gerne. Vielleicht ist es das, was ich nötig habe.« Ich betete, dann fragte ich Carl: »Wollen Sie Gott nicht selber um Beistand bitten?«

Leider erinnere ich mich nicht mehr wörtlich an Carls kurzes Gebet. Es lautete ungefähr so: »Herr, ich bin ein lahmer, unfähiger Mensch. Aber ich will ja gar nicht so sein, ganz gewiß nicht. Es macht mich krank, so zu sein. Ich bitte dich, Herr, schenke mir neue Lebenskraft.« Dann sah er mich an, und nach einer Weile sagte er: »Ich glaube, daß Gott mein Gebet erhören wird.«

»Das glaube ich auch«, stimmte ich bei, denn ich war überzeugt davon.

Bevor wir auseinandergingen, erzählte ich Carl noch etwas, das ich als junger Mann gehört und all die Jahre nicht vergessen hatte. Jemand hatte damals – es war von Charakterschwächen die Rede gewesen – gesagt: »An seiner schwächsten Stelle kann man am stärksten werden.« Ich erinnerte mich, wie jener Mann zur Veranschaulichung auf das Schweißen hingewiesen hatte, wo zwei Metallstücke unter intensiver Hitze miteinander verschmolzen werden. Er versicherte, daß diese zusammengeschweißten Metallstücke, wollte man sie später wieder entzweibrechen, wahrscheinlich neben der Schweißstelle brechen würden, da diese selbst nun zur stärksten Stelle geworden sei.

»Das will ich mir merken«, sagte Carl freudig, »denn Teilnahmslosigkeit ist bestimmt meine schwächste Stelle. Ich verspreche Ihnen, ich will Ihren Rat befolgen und versuchen, religiös geschweißt zu werden.« Aber ich wollte ihm diese Aufgabe nicht allein überlassen und setzte mich mit einem Pfarrer in Carls Heimatstadt in Verbindung, den ich als tatkräftigen und begeisterten Gottesmann kannte. Er machte Carl mit einem Kreis von Geschäftsleuten bekannt, die in ihrem Leben alle ebenfalls eine große Wandlung durchgemacht hatten. In der positiven Atmosphäre dieses Kreises begann Carls Apathie bald zu schwinden. Die intensive Glut wahren Glaubens, aufrichtigen Gebets und freudiger Gelöstheit schweißte seine unsichere Persönlichkeit zusammen, so daß er tatsächlich an seiner schwächsten Stelle am stärksten wurde. Er wurde ein im wahrsten Sinn des Wortes dynamischer Mensch, der von Leben sprühte.

Er wurde ein aktives Mitglied seiner Gemeinde und trat einem Verein bei, der sich den Dienst an den Mitmenschen zur Aufgabe macht. Innerhalb von drei Jahren war er Präsident der örtlichen Handelskammer. In zehn Jahren leistete er mehr für seine Stadt als irgendeiner.

Auf Carls Verlangen hielt ich in seiner Heimatstadt einen Vortrag. Er holte mich auf dem Flugplatz ab.

Ich begrüßte ihn und sagte dann: »Carl, ich war ständig in Trab. Ich möchte erst einmal ins Hotel gehen und mich etwas ausruhen.«

»Warum ausruhen? Wo bleiben Ihre Energie und Ihre Begeisterung, von denen Sie immer reden?«

»Na schön, vergessen wir das Hotel«, gab ich nach. »Wohin gehen wir?« Er zeigte mir die ganze Stadt und machte mich mit vielen Leuten bekannt, und seine Begeisterung steckte mich so an, daß ich nicht mehr daran dachte, müde zu sein.

Carl ist nur einer der unzähligen Menschen, die ich im Laufe der Jahre sich so von Grund auf ändern sah. Und so wie er sind Hunderte von lustlosen, apathischen, kraftlosen Menschen irgendwann mit dem in Berührung gekommen, der sagte: »Ich bin gekommen, damit sie Leben und reiche Fülle haben.«

Und diese Menschen wurden mit Tatkraft und Begeisterung erfüllt und waren nicht mehr die gleichen wie zuvor. Sie änderten sich durch und durch. Der neue Geist, von dem sie erfüllt waren, zeigte sich in ihrem Blick, ihrem Gang, ihrer ganzen Haltung. Und er zeigte sich auch in den erstaunlichen Erfolgen, die sie ihrer neugewonnenen Schaffenskraft verdankten. Das Neue Testament sagt, daß alle Dinge erneuert werden und daß alle Dinge dem möglich sind, der da glaubt.

Neue Gedanken erneuern
Ihr Leben

William James, einer der weisesten Männer, sagte: *»Die größte Entdeckung unserer Generation besteht darin, daß der Mensch fähig ist, sein Leben zu ändern, indem er seine Gedanken ändert.«*

Wie Sie denken, so werden Sie sein. Darum fort mit allen veralteten, müden, ausgetragenen und negativen Gedanken! Füllen Sie Ihren Geist mit neuen, frischen Gedanken der Liebe, der Güte, des Vertrauens und des Glaubens. Dadurch können Sie tatsächlich Ihr Leben erneuern.

Und wo finden wir solche Gedanken der inneren Erneuerung?

Ich kenne einen führenden Geschäftsmann, bescheiden, aber eine jener erstaunlichen Persönlichkeiten, die nicht zu schlagen sind. Es gibt keine Probleme, keine Niederlagen, keine Rückschläge, keine Opposition, die er nicht überwindet und zum Guten wendet. Allen Hindernissen tritt er mit innerer Sicherheit und gläubigem Vertrauen entgegen, und irgendwie verwandeln sie sich auf seltsame Weise immer zu seinen Gunsten. Er scheint in allen Dingen eine »glückliche Hand« zu haben, die niemals versagt.

Diese hervorstechenden Eigenschaften haben stets mein Interesse erweckt, denn ich war der Überzeugung, es müsse dafür eine ganz bestimmte Erklärung geben.

Da er aber ein sehr bescheidener und zurückhaltender Mensch ist, war es nicht leicht, ihn zum Sprechen zu bringen. Eines Tages, als er gerade in der richtigen Stimmung war, gab er mir sein Geheimnis preis. Ich besuchte seine Fabrik, ein hochmodernes Werk, ausgerüstet mit den neuesten Maschinen und einer maximalen Produktionskapazität. Die Arbeitsbedingungen sind vorbildlich und die menschlichen Beziehungen im Betrieb ausgezeichnet. Ein Geist des guten Willens scheint die ganze Organisation zu beherrschen.

Das Büro meines Bekannten ist ultramodern eingerichtet. Mein Erstaunen war groß, auf dem Pult eine Bibel zu entdecken, und zwar ein altes, abgegriffenes Exemplar. Das Buch war wohl der einzige alte Gegenstand in diesem Raum.

»Dieses Buch«, bemerkte mein Bekannter, »ist das Modernste, was Sie in meiner Fabrik finden können. Inneneinrichtungen und Maschinen können überholt werden, doch die Bibel steht so hoch über allem, daß sie nie veralten kann.

Als mich meine Eltern ins College schickten, übergab mir meine gläubige Mutter diese Bibel mit dem Hinweis, ich würde mit allen Schwierigkeiten des Lebens fertig werden, wenn ich mich an ihre Lehren halten würde. Ich dachte damals, meine Mutter sei eine liebe alte Frau (obschon sie noch keineswegs alt war), und um ihr eine Freude zu machen, nahm ich die Bibel an mich. Während vieler Jahre schaute ich sie praktisch nie an, denn ich glaubte, sie nicht nötig zu haben. Nun, ich war ein Dummkopf. Mein Leben entwickelte sich keineswegs günstig. Alles ging schief. Und was war der Grund? Ich selbst war ›schief‹, dachte falsch, handelte falsch, hatte nirgends Erfolg, aber überall Mißerfolg. Heute weiß ich, daß mein Hauptfehler in meiner unrichtigen Denkweise bestand. Ich dachte negativ, mißgünstig und voreingenommen. Niemand brauchte mir etwas vorzumachen, wußte ich doch alles besser. Im Grunde genommen fühlte ich mich allen anderen Menschen überlegen. Kein Wunder, daß mich niemand mochte.«

Und er fuhr fort: »In einer Nacht, als ich allerlei Schriftstücke ordnete, kam mir die längst vergessene Bibel in die Hände. Sie rief alte Erinnerungen in mir wach, und ich begann darin zu lesen. – Es ist eigenartig, wie oft kleine Dinge große Bedeutung erlangen. Irgendeinmal im Leben geht einem plötzlich ein Licht auf, und alles bekommt ein anderes Gesicht. Als ich las, stieß ich auf einen Satz, der buchstäblich mein Leben von Grund auf veränderte. Und wenn ich sage ›veränderte‹, so ist es wirklich so! Von der Minute an, da ich diesen Satz gelesen hatte, wurde alles ganz anders.«

»Wie heißt dieser Satz?« fragte ich gespannt, und er sagte ihn langsam und nachdenklich: *»Der Herr ist mein Licht und mein Heil ... ich bleibe getrost.«* (Psalm 27, 1–3)

»Ich wußte damals nicht«, fuhr er fort, »warum gerade diese Worte mir so großen Eindruck machten. Heute weiß ich, daß ich trotz meiner Überheblichkeit ein Defätist war, negativ und ohne Glaube und Vertrauen. Irgend etwas ging in meinem Innern vor. Wahrscheinlich das, was man als ›geistiges Erlebnis‹ bezeichnet. Meine Denkweise verließ das Negative und wandte sich dem Positiven zu. Ich beschloß, Vertrauen in Gott zu haben und im übrigen mein Bestes zu tun und die Grundsätze der Bibel zu befolgen. Damit änderte sich meine ganze Geisteshaltung von Grund auf. Meine alten, negativen Gedanken verschwanden, und neue, bejahende Ideen erschienen.«

Diese Geschichte illustriert eine wichtige Tatsache der menschlichen Natur: Wir können durch unser Denken zu Mißerfolg und Unglück oder zu Glück und Erfolg geführt werden. Die Welt, in der wir leben, ist keineswegs vorausbestimmt durch äußere Bedingungen und Umstände, sondern durch die Gedanken, die unsern Geist beherrschen. Erinnern wir uns immer wieder an die weisen Worte des römischen Kaisers Marc Aurel, der zu den größten Denkern der Antike gehört und der sagte: »*Das Leben eines Mannes ist das, was seine Gedanken daraus machen.*«

Ralph Waldo Emerson sagte: »Ein Mann ist das, was er den ganzen Tag denkt.« Und ein berühmter Psychologe erklärte: »Die menschliche Natur ist von der zwingenden Tendenz erfüllt, das zu werden, was sie sich vorstellt.«

Gedanken sind dynamische Kräfte. Wir können uns tatsächlich in eine Situation »hineindenken« und uns auch aus ihr »herausdenken«; unsere Gedanken können uns krank oder gesund machen. Umstände werden weit mehr durch Gedanken bestimmt als Gedanken durch Umstände.

Wer Verhältnisse ändern will, muß zuerst sein Denken ändern. Nie dürfen wir passiv irgendwelche Bedingungen einfach hinnehmen, die uns nicht befriedigen. *Formen wir im Geist ein Bild der Verhältnisse, wie sie sein sollten! Halten wir dieses Bild fest, bauen wir es bis in alle Einzelheiten aus, glauben wir daran, beten wir dafür, arbeiten wir dafür. Das ist der Weg zu seiner Verwirklichung.*

Das ist eines der größten Gesetze unseres Lebens. Ich würde mich glücklich schätzen, wenn ich es als junger Mensch entdeckt hätte, doch ich stieß erst in späteren Jahren darauf. Trotzdem bleibt es, neben meinem Glauben an Gott, die größte Entdeckung meines Daseins. Und in einem tieferen Sinne ist dieses Gesetz auch ein Faktor des Gottesglaubens, denn es öffnet dem Menschen den Weg zu den göttlichen Kräften.

Lege deine Probleme in Gottes Hand. Erhebe deine Gedanken *über* deine Sorgen, so daß du *diese von oben,* nicht von unten betrachten kannst.

Prüfe das, was du anstrebst, genau, ob es im Einklang mit Gottes Willen steht. Versuche nie, eine schlechte Sache zum Erfolg zu führen. Sei sicher, daß dein Streben moralisch, geistig und ethisch sauber ist. Irrtümer und Fehler ergeben nie gute Resultate. *Ist unser Denken falsch, dann ist auch das Ergebnis falsch. Darum müssen wir von der Sauberkeit und Rechtlichkeit unserer Wünsche überzeugt sein.* Erst dann dürfen wir sie ruhig in Gottes Hand geben und uns vom Endergebnis ein geistiges Bild machen. Alle auftauchenden negativen Gedanken müssen sofort durch positive ersetzt werden, damit der schöpferische Prozeß des Erschauens, Glaubens und Verwirklichens nicht unterbrochen wird.

Henry J. Kaiser erzählte mir, wie er einmal einen Flußdamm erbauen mußte, der durch einen großen Sturm mitten in der Arbeit wieder zerstört wurde. Die Bagger waren über und über mit Schlamm bedeckt, und als er den Schaden besichtigte, standen die Arbeiter mutlos vor ihren halb versunkenen Maschinen.

»Warum macht ihr so lange Gesichter?« fragte er lächelnd.

»Sehen Sie nicht, was passiert ist?« sagten sie schlecht gelaunt. »Unsere Maschinen sind über und über mit Schlamm bedeckt.«

»Was für Schlamm?« fragte Kaiser.

»Was für Schlamm?« wiederholten sie erstaunt. »Blicken Sie doch um sich!«

»Ich sehe keinen Schlamm«, sagte er lachend. »Ich sehe über mir blauen Himmel, und dort gibt es keinen Schlamm, nur Sonnenschein, und ich kenne keinen Schlamm, der der Sonne widerstehen könnte. Bald wird er trocknen, und dann werden wir die Maschinen wieder in Gang bringen.«

Dieses Beispiel gilt für alle Probleme. Richten wir unsere Augen abwärts in den Schlamm, bleiben wir entmutigt und ohne Hoffnung. Blicken wir aber gläubig und vertrauend auf zu den positiven Mächten unseres Daseins, dann werden wir auch Kraft gewinnen, unsere Sorgen zu überwinden.

Einer meiner Freunde, der ganz unten anfangen mußte und der heute in seinem Beruf eine hervorragende Stellung einnimmt, hat sich vom schüchternen Landbub zum erfolgreichen Mann entwickelt, und es wunderte mich immer, wie er das fertiggebracht hatte.

Eines Tages verriet er mir sein »Geheimnis«: »Alles hängt davon ab, wie wir über unsere Probleme denken«, sagte er. »Ich greife jedes Problem an und zerlege es kraft meines Verstandes in seine Einzelteile. Zweitens vertraue ich auf eine gute Lösung. Drittens mache ich mir ein geistiges Bild von seiner erfolgreichen Überwindung. Viertens frage ich mich, ob mein Tun gut, anständig und richtig sei. Nichts geht gut aus, das in seinem Grund falsch oder schlecht ist. Fünftens: Ich gebe alles, was ich habe, um damit fertig zu werden. Das wichtigste aber bleibt die geistige Haltung. Wenn wir negativ denken, müssen wir sofort damit aufhören und neue, bejahende und vertrauende Gedanken in uns aufnehmen. Das ist das erste und wichtigste bei der Überwindung irgendwelcher Schwierigkeiten.«

Beim Lesen dieses Buches werden Sie ohne Zweifel schöpferische Ideen und positive Gedanken aufnehmen. Wenn Sie diese pflegen, stärken und weiterentwickeln, wird es Ihnen gelingen, Ihre Geld- und Geschäftsprobleme besser zu lösen als zuvor. Ihre Unternehmungen werden sich ersprießlich gestalten, und Ihr ganzes Leben wird sich dank einer neuen, bejahenden Lebenshaltung verändern.

Es gab eine Zeit, da ich der irrigen Meinung war, *Glaube* und *Wohlstand* ließen sich nicht vereinen. Ich war der Ansicht, Religion sollte nie mit geschäftlichen Dingen verbunden werden, sondern sich einzig und allein auf moralische, ethische und soziale Probleme beschränken. Heute habe ich längst eingesehen, daß ein solcher

Gesichtspunkt die göttlichen Kräfte und die Entwicklung des Menschen einschränkt. Die Religionen lehren, das Universum sei von einer gewaltigen Kraft erfüllt, die sich auch auf den Menschen übertragen könne. *Es ist tatsächlich eine Macht, die jede Niederlage überwinden und den Menschen weit über alle seine Sorgen hinausheben kann.*

Wir wissen heute um die gewaltigen Kräfte des Atoms. Dieselben Energien wohnen im menschlichen Geist, und es gibt keinen mächtigeren Faktor als die Geisteskraft des Menschen. Der Mensch ist weit größerer Leistungen fähig, als er sich je bewußt geworden ist.

Das gilt für uns alle! Wenn wir wirklich lernen, die in uns schlummernden Kräfte und Energien zu wecken, dann wird es uns gewissermaßen an nichts fehlen. Unser Leben kann frei und glücklich werden, wenn wir die uns von Gott gegebenen Kräfte richtig anwenden. Nichts ist unmöglich! Alles, was wir glauben und erschauen, wofür wir beten und arbeiten, kann sich verwirklichen. Blicke tief in dein Inneres: Es ist voller Wunder. Wenn man menschliches Versagen bis in seine letzten Tiefen analysiert, stößt man immer auf eine falsche Denkweise. Die Irrtümer unserer Gedanken müssen zuerst berichtigt werden. Wenn der 23. Psalm sagt: »... *er leitet mich auf rechtem Pfade*«, so heißt das auch auf dem *Weg des rechten Denkens*. Und wenn Jesaja sagt: »Der Gottlose lasse seinen Weg und der Frevler seine Gedanken ...« (Jesaja 55, 7), so will das auch besagen, eine Änderung der Gedanken vom Falschen zum Richtigen, vom Irrtum zur Wahrheit sei notwendig.

Das große Geheimnis eines glücklichen Lebens besteht in der fortwährenden Verminderung unserer inneren Irrtümer und Fehler und im Anwachsen der Wahrheit in uns selber. Ein ständiger Zustrom neuer, gesunder Gedanken wirkt sich in allen Lebensumständen schöpferisch aus, denn die Wahrheit ruft den richtigen Taten, und richtige Taten rufen guten Ergebnissen.

Vor Jahren kannte ich einen unglücklichen jungen Mann, der fast in allem Mißerfolg hatte, was immer er in die Hand nahm. Obschon er eine angenehme Erscheinung war, versagte er immer wieder. Es kam vor, daß er von jemandem mit Begeisterung angestellt wurde, doch bald darauf verlor er die Stelle wieder. Der junge Mann versagte sowohl als Persönlichkeit wie auch als Angestellter. Es wollte ihm einfach nichts richtig gelingen, und oft fragte er sich: »Woran liegt es denn, daß immer alles schiefgeht?«

Er verfügte über eine gute Portion Selbstbewußtsein und Überheblichkeit und hatte die Gewohnheit, alles und jedes für seine Mißerfolge verantwortlich zu machen, nur nicht sich selber. Bei jeder Firma, die ihn anstellte, war irgend etwas nicht in Ordnung; immer hatte er etwas auszusetzen, doch nie kam es ihm in den Sinn, einmal tiefer in sich selbst nach den Fehlern zu suchen. Eines Abends wollte er mich sprechen, und da ich mit dem Auto ungefähr 150 Kilometer weit fahren mußte, um einen Vortrag zu halten, begleitete er mich auf dem Weg hin und zurück. Auf dem Heimweg, ungefähr um Mitternacht, hielten wir irgendwo an, um eine Tasse Kaffee zu trinken und ein Brötchen zu essen.

Plötzlich rief mein Begleiter aus: »Ich habe es!« – »Was hast du?« fragte ich erstaunt.

»Ich habe die Antwort gefunden. Ich weiß nun, was mit mir los ist und warum alles schiefgeht! – Weil ich selber nicht in Ordnung bin!«

Ich legte meine Hand auf seine Schulter und sagte: »Mein Lieber, endlich siehst du etwas ein!« »Es ist mir alles sonnenklar«, sagte er, »ich habe ständig falsche Gedanken gepflegt – und dabei konnte nichts Gutes herauskommen.«

Wir standen im Mondschein neben dem Wagen, und ich sagte zu ihm: »Harry, du mußt noch einen Schritt weiter gehen und Gott bitten, er möge dir helfen, richtig zu denken.« Ich zitierte eine Stelle aus der Bibel: *»Und ihr werdet die Wahrheit erkennen, und die Wahrheit wird euch frei machen.«* (Johannes 8, 32) Die Wahrheit muß in unseren Geist eingehen, und wir werden frei von Mißerfolg.

Mein junger Freund wurde ein begeisterter Anhänger von Jesus Christus. Durch gläubiges Vertrauen und eine radikale Änderung seiner Denkweise entwickelte er auch eine richtige Lebenshaltung. Und als sich sein Denken so gewandelt hatte, ergab sich auch eine Änderung seiner Stellung im praktischen Leben.

Die folgenden sieben Grundsätze führen vom negativen zum positiven Denken. Wer sie anwendet, wird schöpferische Kräfte frei machen, sich vom Irrtum lösen und der Wahrheit zustreben.

1. Sprechen Sie während der nächsten 24 Stunden posi-

tiv und hoffnungsvoll über alles: über Ihre Arbeit, Ihre Gesundheit und Ihre Zukunft. Reden Sie bejahend über alles. Das wird vielleicht nicht einfach sein, besonders dann, wenn Sie bisher negative Gedanken gepflegt haben. Davon müssen Sie sich losreißen, auch wenn es Sie eine energische Willensanstrengung kostet.

2. Wenn Sie 24 Stunden lang eine zuversichtliche und hoffnungsvolle Sprechweise durchgehalten haben, bleiben Sie gleich noch eine Woche länger dabei! Dann können Sie es sich leisten, für einen oder zwei Tage »realistisch« zu sein. Sie werden dann entdecken, daß das, was Sie vor einer Woche unter »realistisch« verstanden, etwas ganz anderes geworden ist, nämlich das *Aufdämmern neuer, positiver Ausblicke*. Die meisten Menschen vergessen, daß das Positive mindestens so realistisch ist wie das Negative.

3. Unser Geist bedarf, wie der Körper, der Nahrung; und wenn er gesund bleiben will, bedarf er auch der *gesunden Nahrung!* Beginnen Sie heute, Ihren Geist anstatt negativ *positiv* zu »ernähren«. Lesen Sie das Neue Testament und unterstreichen Sie jeden Satz, der von Glaube und Vertrauen spricht. Setzen Sie die Lektüre beharrlich fort, bis Sie jeden solchen Satz bei Johannes, Matthäus, Markus und Lukas angestrichen haben. Lesen Sie besonders das 11. Kapitel Markus mit den Versen 22, 23 und 24. Sie können als Beispiele dienen für andere Stellen, die Sie unterstreichen und in sich aufnehmen sollen.

4. Lernen Sie die unterstrichenen Stellen auswendig. Jeden Tag einen Satz. Das braucht Zeit, doch erinnern Sie sich daran, daß Sie viel mehr Zeit dazu verschwendet haben, ein negativer Denker zu werden! Es braucht etwas Energie und Zeit, um umzulernen.

5. Notieren Sie sich die Namen der Menschen in Ihrem Bekanntenkreis, die zu den bejahend und positiv Denkenden gehören, und suchen Sie ihre Gesellschaft. Wenden Sie sich nicht ab von Ihren pessimistischen und negativ denkenden Freunden, doch suchen Sie für die nächste Zeit *vermehrten Umgang mit positiven Menschen,* so lange, bis Sie selbst etwas von ihrer bejahenden Denkweise angenommen haben. Dann können Sie wieder Ihre negativen Freunde aufsuchen und ihnen bejahende Gedanken zuführen, ohne sich von ihrer negativen Art beeinflussen zu lassen.

6. Vermeiden Sie negative Diskussionen. Wenn jemand pessimistische und verneinende Gedanken äußert, setzen Sie positive, zuversichtliche Gedanken entgegen.

7. Beten Sie viel und danken Sie Gott für die vielen wundervollen Möglichkeiten, die er uns gibt. Gott kann uns nichts Besseres schenken als die Gnade des Vertrauens und des Glaubens. *»Euch geschehe nach eurem Glauben.«* (Matthäus 9, 29)

Das Geheimnis eines besseren und glücklicheren Lebens liegt in der radikalen Säuberung des Geistes von veralteten, ungesunden und toten Gedanken. Statt ihrer benötigen wir lebendige, dynamische Gedanken des Vertrauens und des Glaubens. Sie können sich darauf verlassen: Solche Gedanken werden Sie selbst und Ihr Leben erneuern.

Positive Gedanken für jeden Tag

»Jeder Gedanke der Dankbarkeit bringt die Menschen ein Stück näher zu Gott.«   Norman Vincent Peale

08/9569

Außerdem lieferbar:

Norman Vincent Peale
Die Macht der Inspiration
Botschaften für ein erfülltes Leben
08/9544

Der Plus-Faktor
Unsere Lebenschance jeden Tag neu entdecken
08/9593

Joseph Murphy
Tele-Psi
Die Macht Ihrer Gedanken
08/9526

Die Kraft schöpferischen Denkens
08/9555

Prentice Mulford
Meisterschaft des Lebens
08/9590

Hans Christian Meiser (Hrsg.)
Positive Gedanken
Meditation als Weg
08/9903

Wilhelm Heyne Verlag
München

Silva Mind
Der Schlüssel zur inneren Kraft

08/9599

Außerdem lieferbar:

José Silva/Philip Miele
Silva Mind Control
Die universelle Methode zur Steigerung der Kreativität und Leistungsfähigkeit des menschlichen Geistes
08/9538

José Silva/Burt Goldman
Die Silva-Mind-Methode
Das Praxisbuch
08/9549

Robert B. Stone
Der Weg zu Silva Mind
Das Geheimnis der Silva Mind Methode und die Geschichte ihres Begründers José Silva
08/9615

José Silva/Robert B. Stone
Die Silva Mind-Control-Methode für Führungskräfte
22/247

Wilhelm Heyne Verlag
München

Bücher für positive Lebensgestaltung

Norman Vincent Peale
Heute fängt Dein Leben an
218 S., Leinen mit Schutzumschlag

Norman Vincent Peale
Die Kraft positiven Denkens
324 S., Leinen mit Schutzumschlag

Norman Vincent Peale
So hilft positive Phantasie
242 S., Leinen mit Schutzumschlag

Norman Vincent Peale
Was Begeisterung vermag
342 S., Leinen mit Schutzumschlag

Norman Vincent Peale
Darum seid getröstet
154 S., Leinen mit Schutzumschlag

Norman Vincent Peale
Trotzdem positiv
294 S., Leinen mit Schutzumschlag

Norman Vincent Peale
So hast Du mehr vom Leben
226 S., Leinen mit Schutzumschlag

Norman Vincent Peale
Leben kann Freude sein
164 S., Leinen mit Schutzumschlag

Norman Vincent Peale
Das Ja zum Leben
224 S., Leinen mit Schutzumschlag

OESCH VERLAG
Klausstraße 10, CH-8008 Zürich

Erhältlich in Ihrer Buchhandlung.
Bitte verlangen Sie das kostenlose Gesamtverzeichnis
«Bücher für positive Lebensgestaltung»
direkt beim Verlag.